G000147009

N'obéissez plus :

Éditions d'Organisation
1, rue Thénard
75240 Paris Cedex 05
www.editions-organisation.com

Chez le même éditeur

* Éric ALBERT, Jean-Luc EMERY,
  – *Au lieu de motiver, mettez-vous donc à coacher !*
  – *Le manager est un psy.*

Du même auteur

* Éric ALBERT, Laurent CHNEIWEISS, *L'anxiété au quotidien*, Odile Jacob, 1990.
* Éric ALBERT, Alain BRACONNIER, *Tout est dans la tête*, Odile Jacob, 1992.
* Éric ALBERT, *Comment devenir un bon stressé*, Odile Jacob, 1994.
* Éric ALBERT, *Le guide de la gestion du stress*, City & York, 1995.
* ÉRIC ALBERT, *Le bac sans stress*, Bayard, 1998.

© Éditions d'Organisation, 2001
ISBN : 2-7081-2592-3

Éric ALBERT
Daniel NGUYEN NHON

N'obéissez plus !

Quatrième tirage 2002

Éditions
d'Organisation

A Roxane, ma fille si obéissante…
Éric ALBERT

Merci à nos interlocuteurs et à nos relecteurs qui ont fait évoluer et mûrir ce livre et principalement à Geneviève ESTOURNET, Éric LOMBARD, Jérôme DUVAL-HAMEL et les membres du Comité scientifique qu'il a réuni, Françoise, Christophe et Jacques.

Enfin, merci à Laurence qui, par son soutien quotidien et son efficacité, nous a beaucoup aidés.

Sommaire

Le culte de l'obéissance

Les technologies de l'information n'apportent pas seulement
un changement quantitatif, elles modifient en profondeur
le jeu relationnel et déplacent le centre de gravité
du pouvoir dans l'entreprise

Contribution = confiance

Les comportements qui régissent la relation managériale sont décalés
par rapport aux organisations qui sont mises en place.
Comment chaque collaborateur peut s'y retrouver
et qu'est-ce qui doit changer ?

« N'obéissez plus ! » en pratique

Comment, de façon pratique, opérer les mutations indispensables
pour que chacun puisse construire une relation
épanouissante avec l'entreprise ?

Proposition 1

IX

Les mots de « N'obéissez plus » !
(choix terminologiques)

Assertivité
Compétence relationnelle qui permet d'exprimer ce que l'on pense ou ressent sans agresser l'autre.

Anxiété
Émotion voisine de la peur, qui se manifeste par une inquiétude face à une menace hypothétique.

Émotion
Réaction subjective déclenchée par un événement ou son évocation, caractérisée par des sensations physiques et alimentée par des pensées (des représentations).

Champ de responsabilité
Nous le définissons comme un domaine ou un secteur de responsabilité ouvert au interventions et suggestions extérieures, notamment celles de non-experts du domaine, par opposition au territoire (voir « Territoire »). Dans son champ, le responsable est un coordinateur et non pas l'expert exclusif.

Communication
Choix du mode de traitement des données et de leur retransmission, ce qui permet de moduler le contenu et le caractère significatif de l'information.

Contribution

Tout ce qui va au-delà de la mission de base du collaborateur (la performance individuelle), qui concourt à la réussite de l'entreprise et qui caractérise l'appropriation de l'intérêt collectif.

Création de valeur

Tout ce qui participe à la génération, à l'accroissement ou à la pérennisation de l'activité, du résultat ou de la valorisation de l'entreprise. L'expression est souvent utilisée dans le sens très restrictif de l'accroissement de la valeur patrimoniale (la valorisation boursière pour les sociétés cotées).

Désobéissance

Refus d'exécuter une instruction.

Donnée

Unité de base de l'information.

Double contrainte

Mode de communication par lequel on émet deux messages contradictoires. Cela met l'interlocuteur dans un positionnement tel que, quoi qu'il fasse, on peut le lui reprocher.

Information

Ensemble de données qui sont traitées pour leur donner du sens.

Information « politique »

Connaissance d'un fait ou d'un événement important.

Information « technique »

Information relative à une formule, un savoir-faire, à l'organisation ou au marché.

Mercenaire

Collaborateur impliqué dans la seule réalisation de ses objectifs individuels.

Motivation

Processus psychologique par lequel l'individu s'investit affectivement dans ce qu'il fait et qui tend à le conduire à assimiler ce qu'il est à ce qu'il fait (voir « sur-motivation »).

Obéissance

Logique selon laquelle le collaborateur est un continuum d'exécution du manager. Exécution de l'instruction sans recherche de la signification.

Organisation matricielle

Organisation d'entreprise où les collaborateurs rapportent à plusieurs managers, chacun représentant un mode de subdivision différent : opérationnel (pays, région etc.), fonctionnel (marketing, finance etc.), produit, métiers, projet.

Organisation transversale

Organisation favorisant l'échange d'informations et d'expérience entre des acteurs de niveau hiérarchique proche, mais appartenant à des secteurs différents de l'entreprise. Par extension, nous désignons par la transversalité les échanges entre intervenants de différents secteurs de l'entreprise, quel que soit le niveau hiérarchique.

Représentation

Pensée qui reflète :

- la manière dont on évalue la réalité, la situation, l'environnement extérieur
- ou la manière de s'y adapter.

XIII

Réseau

Dispositif d'échange régulier d'informations associant plusieurs intervenants avec un ou plusieurs dénominateurs communs : la qualité (réseau de pairs), le vécu, la vision, la sensibilité, la mission etc. Les nouvelles technologies ont largement favorisé la constitution autour de projets de réseaux rassemblant des acteurs d'horizons différents (hiérarchies, fonctions, entreprises, métiers, pays etc.) ; au-delà de la mission, le réseau peut perdurer à fin d'échange d'expériences.

Résistance

Logique de réflexion et de questionnement où le collaborateur cherche à comprendre le sens de l'instruction donnée, pousse son manager dans ses retranchements et exprime son point de vue. La résistance se situe entre l'obéissance et la désobéissance ; elle se distingue de l'une comme de l'autre.

Résistance passive

Résistance qui ne se fait jamais de front : on ne dit pas ce qu'on pense, mais on ne fait rien. Particulièrement paralysante pour les organisations.

Sur-motivation

Exacerbation du processus de motivation décrit plus haut (voir « motivation »), menant l'individu à s'identifier à ce qu'il fait.

Territoire

Domaine d'intervention d'un individu ou d'un groupe qui le considère comme un périmètre d'exclusivité, et voit avec méfiance l'intervention de toute personne ou entité extérieures. Le territoire peut être géographique, mais également technique (produit, métier, fonction, expertise, marque, filiale, compétence etc.).

Introduction

POUR AVOIR UNE IDÉE UTILE et chercher à la mettre en œuvre, il faut être dans une disposition d'esprit centrée sur l'efficacité plus que sur le respect de la hiérarchie. Plus nous évoluons dans les entreprises, plus nous sommes frappés de constater à quel point l'obéissance est présente dans la relation managériale et à quel point elle est inhibitrice. Ce propos peut surprendre car on parle rarement d'obéissance au travail. Ce n'est pas un sujet d'échange. Précisément, on en parle peu parce que c'est admis, intégré et pratiqué par tous de façon « naturelle », comme une évidence. Il faut bien reconnaître que le droit social vient à l'appui de cette évidence en nous rappelant que le contrat de travail formalise un lien de subordination du salarié.

Or, comme nous le montrerons, **le collaborateur qui est d'abord préoccupé par la nécessité d'obéir est piégé dans les organisations centrées sur la diffusion de l'information et bloqué dans sa possibilité de contribution.**

La relation collaborateur/manager va donc considérablement changer. Le manager conserve une fonction de relais de la direction générale, mais les objectifs, le contenu et les modalités de cette intermédiation vont évoluer, passant du « faire exécuter » à l'explicitation et à la traduction de la vision et de la stratégie. **On ne pourra plus considérer le collaborateur comme un continuum d'exécution d'un manager.** C'est encore souvent le cas. On a beau donner à chaque collaborateur un ordinateur qui lui ouvre les portes de l'internet et des intranets, ce qui est censé l'installer dans un rôle d'acteur à part entière, la représentation collective qu'on a de lui est encore très instrumentale. Le collaborateur reste le plus souvent considéré comme celui qui fait, qui exécute ce qui a été pensé par le manager ou la hiérarchie au dessus.

Si l'on accepte que le collaborateur est un centre de réception et de production d'information qui peut échanger avec l'ensemble de l'entreprise, il faut non seulement repenser la relation managériale mais aussi le mode d'évaluation, la formation et le jeu relationnel dans l'entreprise.

Du gain de productivité à l'adaptabilité et à la création de valeur. Depuis près de quinze ans, on peut dire que, globalement, les grandes entreprises qui ont réussi sont celles qui ont fait le plus de gains de productivité. On a attribué à de nombreux grands managers l'étiquette de « cost killers ». Presque toutes les industries de main-d'œuvre ont été délocalisées. Les opérations de ré-ingéniérie ont permis de traquer les coûts excessifs ou inutiles. Les principaux changements auxquels nous avons assisté ont été des fusions et des acquisitions, véritable jeu de monopoly capitalistique chargé d'émotions. Le changement était principalement quantitatif. Un peu plus de parts de marché, un peu plus de marge ; un peu moins de personnel, un peu moins de dépenses… Les logiques de productivité et d'exécution n'ont pas disparu ; en attestent les mouvements d'outsourcing et de taylorisation que l'on constate, par exemple, dans les services à basse qualification, comme le nettoyage ou les centres d'appel.

XVI

Il reste que la nouvelle économie apporte un changement qualitatif qui touche tous les secteurs. Les ventes ou les achats ne se feront plus de la même façon. Les recrutements ou la logistique non plus. Il ne s'agit plus seulement, pour un chargé de clientèle de banque, de vendre davantage de produits ; il doit se reconvertir à un autre type de vente qui repose en grande partie sur internet. La plupart des métiers évoluent de plus en plus vite et **l'enjeu, aujourd'hui, est de créer le maximum de valeur par le plus grand nombre. Autrement dit, de mettre de plus en plus d'intelligence dans les tâches et le travail.**

Les entreprises qui gagneront demain seront celles qui sauront adapter rapidement leurs ressources à cette donne. Cela suppose évidemment un changement d'organisation, mais surtout des changements de comportements. Or, comme nous le montrerons dans ce livre, les comportements qui favorisent les gains de productivité et ceux qui favorisent l'adaptabilité et la création de valeur ne sont pas les mêmes ; par certains points, ils sont même opposés.

De l'information comme élément de pouvoir à l'information comme valeur ajoutée. Dans l'économie du vingtième siècle, l'usage de l'information est très lié à ce que chacun peut en tirer comme avantage personnel. Le vendeur garde une partie de ses informations sur ses clients, car cela représente pour lui un avantage, une garantie et un certain pouvoir. C'est vrai aussi des établissements et filiales par rapport au siège : une agence garde ses informations car, si elle les partage, elle a l'impression de dilapider son fonds de commerce. Cet usage de l'information n'est pas limité à la relation clientèle. On le retrouve dans tous les domaines, notamment dans celui du savoir-faire technique, qui reste souvent la propriété de celui qui le détient. Et même lorsqu'il n'y a pas de risque concurrentiel entre deux entités, celle qui détient l'information ne voit pas l'intérêt qu'elle peut avoir à la faire circuler. **Tout le système de reconnaissance de la légitimité et d'évaluation de la performance favorise la rétention de l'information par les individus ou les groupes au sein de l'entreprise.** Il tend à faire apparaître le partage de l'information comme une perte, un sacrifice, et non comme un échange où chacun y gagne.

Or, le fonctionnement économique, en ouvran beaucoup plus largement les marchés, impose de partager l'information pour créer de la valeur. De surcroît, les technologies de l'information et de la communication ne font pas qu'imposer l'échange d'information ; elles requièrent également des capacités supérieures de traitement de cette information.

Si l'agence immobilière, qui vient de recevoir un gros mandat, cherche à le traiter seule pour préserver sa marge, sa prestation sera moins bonne que si elle fait travailler d'autres agences en partenariat ; à terme, elle prend le risque de perdre les prochains clients. Si l'informaticien ne transmet pas les bonnes informations sur le système qu'il développe, parce qu'il croit ainsi montrer combien il est indispensable, il ralentit la marche de l'entreprise. Si la filiale chinoise d'un groupe ne partage pas une information sur un marché avec la filiale brésilienne parce qu'elles produisent la même chose, c'est le groupe auquel elles appartiennent qui s'appauvrit ; en utilisant la rétention d'information comme arme de la rivalité interne, elle prend le risque de ne pas pouvoir traiter seule la commande ou y répondre suffisamment vite, et donc de laisser la place à la concurrence. Si, parce qu'elle ne se sent pas concernée, la même filiale chinoise ne transmet pas une information technique qui pourrait intéresser la filiale française, c'est encore le groupe qui s'appauvrit.

Le problème, c'est que **le système de management traditionnel repose sur la performance individuelle ; dans une
certaine mesure, il va à l'encontre du partage de l'information et donc de la création de richesse.**

Nous montrerons, dans la première partie de ce livre, en quoi
ce nouvel usage de l'information est au cœur des mouvements
organisationnels en cours. Les organisations matricielles, en
réseau ou transversales sont une tentative de réponse à cette
nouvelle donne. Elles ont pour objectif de casser les logiques
de territoire et de donner un cadre favorisant une meilleure
circulation de l'information. Les nouveaux outils de communication, comme les e-mails ou le téléphone portable, permettent de travailler avec des partenaires dans le monde entier,
avec l'ensemble des fonctions ou des métiers.

Le frein vient des comportements et des mentalités des
acteurs, managers ou collaborateurs, encore basés sur l'ancien
modèle. Le résultat s'observe dans la vie quotidienne des
entreprises. L'organisation matricielle devient un cauchemar
pour ceux qui la vivent, en raison d'une sur-sollicitation permanente et parfois contradictoire des différentes lignes hiérarchiques auxquelles le collaborateur rapporte. Il ne sait plus
comment il sera évalué, ni parfois même par qui. Le mail,
merveilleux outil d'échange, est devenu le symbole moderne
du mythe de Sisyphe. Tous les jours, on s'acharne à grand-
peine à en venir à bout et, chaque matin, la même montagne à
gravir se reconstitue devant soi, chronophage, épuisante et
décourageante.

Cette distorsion, entre, d'une part, les organisations, les outils
qu'elles mettent en place pour s'adapter aux changements et,
d'autre part, les comportements et les modes de management,
crée de la souffrance et de l'inefficacité.

Le manager n'est plus aussi important. Quelle est notre représentation de l'entreprise et celle du rôle des managers ? Nous pouvons imaginer une entreprise en réseau dont les nœuds sont les managers eux-mêmes. Une grande partie de leur activité est de transmettre l'information à leurs collaborateurs. La diffusion de l'information est l'outil et le symbole de leur pouvoir.

Or, s'il est clair que le modèle du réseau tend à se développer, les croisements ne peuvent se limiter aux managers. Chaque collaborateur est, lui aussi, un nœud (c'est-à-dire un lieu de croisement de l'information). Le manager ne peut être le seul qui informe, ne serait-ce que pour des raisons de quantité d'informations. **Les collaborateurs** aussi envoient leurs mails quotidiens à toute l'entreprise. Ils **sont devenus une courroie indispensable pour diffuser la bonne information au bon moment et, ce faisant, créer de la valeur pour l'entreprise. Ce sont eux qui, en participant aux différents projets, vont développer des idées nouvelles.**

Pourtant, les entreprises continuent de reposer sur un système pyramidal dont le cœur est constitué par le management. Il est essentiel que toutes les entités communiquent les unes avec les autres, mais on fait comme si cela pouvait se faire principalement par l'intermédiaire des managers. Ils sont l'objet de toutes les attentions : on les informe, on les forme, on cherche à les fidéliser, on veille à ce que leur motivation ne fléchisse pas, on les associe au succès de l'entreprise par le biais des stock options. En échange de quoi, on compte sur eux pour avoir, auprès de leurs collaborateurs, le rôle moteur qui leur permettra d'atteindre leurs objectifs. Progressivement, un consensus a émergé selon lequel il suffit d'avoir de bons managers pour avoir de bons résultats. De ce point de vue, la littérature d'entreprise (à laquelle nous avons contribué) est illustrative.

Le collaborateur n'y est vu qu'à travers les yeux de son manager. Si ce dernier applique ce qui est écrit dans ces ouvrages, le collaborateur sera à la hauteur des performances que l'on attend de lui.

En somme, on ne pense la relation qu'à travers l'un des deux protagonistes : tout repose sur le manager. Selon l'attitude et le comportement de celui-ci (son mode de management), le collaborateur aura lui-même telle ou telle attitude. Ce n'est pas faux, c'est simplement incomplet. Et **les nouvelles organisations qui émergent remettent de fait les collaborateurs au centre du dispositif.**

On pourrait dire que le manager n'est plus aussi important. En fait, il l'est toujours autant, mais plus dans une dimension informationnelle. On l'attend sur un registre différent, dans sa compétence stratégique ou de relais de la vision et de la stratégie. Ainsi le réseau redéfinit-il la relation manager/collaborateur.

Le culte de l'obéissance

Les technologies de l'information n'apportent
pas seulement un changement quantitatif,
elles modifient en profondeur
le jeu relationnel et déplacent le
centre de gravité du pouvoir
dans l'entreprise

Que nous l'a-t-on promise ! La société de l'information s'installe, porteuse d'infinies possibilités. Les « info-autoroutes » maintes fois annoncées sont là, véritables TGV vers le savoir. Et comme elles circulent dans les deux sens, on peut recevoir et diffuser à tout va. N'importe qui a accès à tout, peut tout transmettre, de n'importe où vers n'importe où, et n'importe quand, pourvu qu'un câble téléphonique ou un réseau de téléphonie mobile passe par là. Au bout du click, la liberté. Alors, c'est vrai ? Ce n'est pas un mirage ? On se frotte les yeux, et force est de constater que les outils de la société de l'information ont investi notre quotidien. Résultat : l'information est devenue surabondante.

Mais d'abord, qu'est-ce que l'information ? Le Petit Robert la définit comme un « élément ou système pouvant être transmis par un signal ou une combinaison de signaux ». C'est un renseignement, une nouvelle, un élément de connaissance, de savoir, de mémoire. C'est la matière indispensable à toute progression, à la base de la réflexion et en prélude à l'action. En creusant un peu plus, on peut dire que l'information est composée de données qui, rassemblées, constituent le socle de la connaissance. En fonction de la manière de les traiter, elles seront plus ou moins significatives pour un individu. On entre alors dans le champ de la communication.

De nombreux ouvrages traitent fort brillamment de la théorie de l'information. Dans ce livre, nous choisirons de retenir de l'information qu'elle est un ensemble de données qui sont traitées pour leur donner du sens. La surabondance de l'information, c'est en fait surtout la surabondance des données. Nous avons de plus en plus de mal à les transformer en information significative en raison de la quantité dont nous sommes submergés.

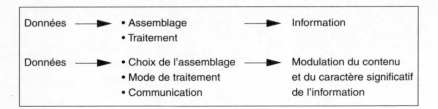

Cette abondance est un phénomène unique dans l'histoire de l'humanité. Dans l'entreprise, c'est l'un des sujets de préoccupation et d'étude qui focalise beaucoup d'énergie[1]. Jusqu'à présent, nous avions vécu avec l'idée que, si nous amassions de l'information, nous amassions du pouvoir. La règle était simple : celui qui sait décide. Sous-entendu : celui qui sait est le plus fort. La conséquence de ce qui précède, c'est que celui qui ne sait pas se soumet et obéit. Ce schéma nous a permis de dépasser la sélection par le seul critère de la force physique. Il constitue, à nos yeux, une marque de civilisation en plaçant sur le terrain de la connaissance l'établissement du rapport de force. Le monde a avancé grâce à cet usage de l'information. Au plan collectif, les civilisations se sont développées par l'accumulation d'informations. La Grèce antique, vaincue par les armes, avait symboliquement triomphé de Rome en y propageant sa civilisation et ses connaissances. La France, à cet égard, n'échappe pas à la règle. C'est même le pays de la glorification du savoir ; il suffit de sentir l'admiration qu'y suscite encore la culture académique. Au plan individuel, chacun va élargir et défendre son territoire par l'usage de l'information.

---

1. Le knowledge management problématisé sous la forme du DIC (donnée, information, connaissance, DIK en anglais). La question est de savoir comment aider les collaborateurs à transformer les données en information puis en connaissance opérationnelle. Le problème n'est pas résolu.

Encore récemment, on pouvait faire de l'information, ou du moins de certaines informations, une denrée rare. Les supports étaient essentiellement matériels, les échanges entre individus, entreprises, collectivités et pays, réglementés. Il y avait une espèce de limitation « naturelle » à la circulation de l'information.

Une révolution est survenue dans les années 1940 avec le traitement automatisé de l'information ; elle bouleverse fondamentalement les choses. De là, sont nées l'informatique (le traitement automatisé proprement dit en données numériques), la télécommunication (l'échange, c'est-à-dire l'émission et la réception de l'information automatisée) et la robotique (exécution d'opérations physiques selon un programme défini). L'information a aujourd'hui plusieurs caractéristiques : elle passe par des signaux immatériels, c'est une ressource consommant peu d'énergie et elle est facilement reproductible. Elle est quasiment démultipliable à l'infini. En cela, la révolution de l'information se distingue des autres grandes révolutions économiques.

Elle frappe de plein fouet notre représentation traditionnelle du monde. Maintenant que tout le monde y a accès, que n'importe qui peut la faire circuler, quelle est la valeur ajoutée de l'information ? Si je peux, d'un simple click sur mon ordinateur, obtenir n'importe quelle information et la diffuser, quel avantage sur les autres me procure le fait d'en disposer ? Que dois-je faire de cette masse d'information que je sollicite et qui me sollicite ? Que le monde était simple lorsque ceux qui savaient décidaient et les autres obéissaient ! On le voit bien, notre comportement face à l'information est appelé à changer. Parce que l'information est de plus en plus disponible. Parce que le volume que nous avons à traiter s'accroît vertigineusement. Parce qu'elle s'impose à nous, alors même que nous n'en voudrions pas forcément. Parce que, tel un débit d'eau qui ne cesse de s'accroître, il devient difficile de la contrôler, de la canaliser.

Notre rapport à l'information date d'une époque où elle pouvait être considérée comme une ressource précieuse et limitée. Nous continuons à trouver un intérêt à en freiner la circulation alors qu'il faut en redéfinir la valeur. Partons explorer notre rapport à cette ressource et les comportements qui en découlent. Nous pourrons constater le paradoxe suivant : à l'autonomie accrue permise par les technologies de l'information et de la communication, nous répondons par une émotion – la peur – et un comportement – l'obéissance.

1 | L'INFORMATION EST UN ÉLÉMENT DE POUVOIR ET DE TERRITOIRE

AU DÉBUT DE NOTRE VIE, notre principale source d'information, ce sont nos parents. Nous ne connaissons rien, nous sommes dépendants, nous avons besoin d'eux pour nous apporter l'information. Bref, ils ont le pouvoir et nous leur obéissons. Il en va de même avec l'éducation scolaire, universitaire et les premiers temps de la vie professionnelle où nous avons besoin de notre supérieur hiérarchique ou d'un tuteur pour qu'ils nous disent quoi, comment et quand.

La culture française accentue ce trait. Ce n'est pas un hasard si la quasi-totalité de l'élite politique hexagonale est issue de l'élite intellectuelle. Dans les entreprises, le statut de « cadre », qui constitue la base du management français, s'est construit sur un double modèle, à la fois militaire et académique : les arrêtés Parodi-Croizat de 1945-1946, ainsi que la plupart des conventions collectives, établissent que le cadre est celui qui d'une part commande à des exécutants, par délégation du pouvoir patronal et des actionnaires, et qui d'autre part dispose d'une expertise, assise sur une expérience professionnelle ou, comme dans l'immense majorité des cas, sur un diplôme de formation initiale. En résumé, le cadre, c'est celui qui commande et qui dispose du savoir, donc de l'information. Les rapports ont évolué, mais, avec quelques affinements, c'est toujours cette représentation qui domine.

Ainsi, sommes-nous issus d'un système où celui qui détient l'information a le pouvoir et se fait obéir. La vie des entreprises répond encore le plus souvent à ce schéma. **L'information et la maîtrise de sa divulgation sont la clé du pouvoir, de la puissance, de l'avantage concurrentiel.**

Nous pouvons considérer deux aspects de cette « information/pouvoir » : l'information « technique » et l'information « politique ».

L'information « technique » comme élément de pouvoir

Une définition extrême, voire caricaturale, d'expertise ou d'un savoir-faire technique qu'il faut protéger est matérialisée par la *formule secrète*. C'est, par exemple, la très célèbre et très cachée composition du Coca-Cola qui joue pour beaucoup dans les succès de la compagnie, à côté de sa puissance financière et commerciale. Ce sont aussi les secrets, comme les trucs de la corporation des magiciens et prestidigitateurs. Ou bien les recettes de cuisine d'une mère ou d'un grand chef. Ou encore les résultats de travaux de recherche dans la biotechnologie ou la fabrication de parfums, l'informatique de recherche sismique d'une compagnie pétrolière, bref, tout ce qui touche à la R & D.

Dans le cas de la formule, les comportements sont orientés vers la rétention permanente de l'information. Dans l'entreprise, seuls les acteurs directement utilisateurs de l'information en disposent, et encore, ils ne détiennent généralement qu'une fraction de la formule. Les autres n'y ont pas accès. Sa détention et sa non-divulgation procurent un avantage concurrentiel sur les autres entreprises. Dans l'entité concernée, le détenteur jouit d'un certain prestige : il fait « autorité » ; il faut lui obéir dans son domaine d'expertise, avant tout parce que c'est lui qui a l'information.

> *L'information est un levier de pouvoir au sein d'une entreprise.*

Fort heureusement, l'information technique ne se réduit pas à des formules secrètes et ne relève pas systématiquement du concours Lépine ou de la protection de la propriété intellectuelle. La formule peut ne pas être secrète. Il s'agit alors du *savoir-faire*, du « *knowledge* » d'un artisan, d'un technicien ou d'un consultant, qui contribue à construire une identité professionnelle. L'information peut encore être relative à l'*organisation* ou au *marché*. C'est par exemple les méthodes d'une entreprise, les procédures d'organisation, le fait qu'un poste se libère dans tel secteur, l'information commerciale sur l'évolution des marchés, un contact client ou fournisseur, etc.

Même dans ces cas, **l'information peut être un levier de pouvoir au sein d'une entreprise, un avantage concurrentiel interne.** À moins que la production et la diffusion de l'information considérée ne fassent partie de leur mission (c'est le « reporting »), ses détenteurs considèrent souvent qu'ils n'ont pas intérêt à la faire circuler, de peur de perdre l'avantage qu'elle procure (prestige, obéissance, légitimité), alors même que, largement diffusée, elles permettrait à d'autres d'accroître le bénéfice collectif pour l'entreprise. Dans certains cas, bloquer l'information est une manière de démontrer par l'absurde que soi-même ou son équipe est indispensable à la marche de l'entreprise, un peu à la manière des routiers qui bloquent les axes routiers et la circulation des marchandises.

La recette des tomates farcies de maman

— Maman, pourrais-tu expliquer à Corinne ta recette de tomates farcies ?

— Oh, tu sais, je les fais à l'inspiration : de la poitrine et de l'échine hachées ensemble, des œufs, des oignons, de l'ail, du persil, sel, poivre et condiment, et puis voilà.

— Et pour les dosages ?

— Je ne sais pas trop. Tu sais, je n'ai jamais mesuré.

— Mais, depuis le temps que tu les fais, tu n'as pas une petite idée ?

— Moi, je fais ma recette à l'instinct. Corinne peut faire la même chose.

— En fait, elle a déjà essayé mais, sans les dosages, ce n'était pas une réussite. C'est vraiment dur.

— Écoute, si ma belle-fille veut s'approprier mes recettes, elle n'a qu'à prendre son tablier lorsqu'elle vient chez moi et observer.

— C'est ce qu'elle fait, mais elle a l'impression que tu n'as pas vraiment envie de lui enseigner ta recette et que tu es agacée quand elle te pose des questions. Pourtant, je lui ai dit que tu adorais parler de cuisine.

— Mais qu'est-ce que tu imagines ? Que je suis un libre-service de recettes gastronomiques ? Qu'elle peut apprendre du premier coup ce que j'ai mis des années à réaliser ?

— Tu sais, maman, l'idée est avant tout de te donner un coup de main lorsque tu reçois beaucoup de monde. Ensuite, tu ne peux pas lui reprocher de vouloir reproduire chez nous ce qu'elle a appris avec toi.

— J'ai compris. Je vais vous donner la recette et j'y mettrai les fameux dosages que vous tenez tant à obtenir. Comme ça, vous n'aurez plus besoin de venir me voir.

Un petit effort et vous verrez combien il est facile de transposer cette scène, issue d'un univers familial, à celui de l'entreprise. Ici, l'information procure :

- du prestige (on me considère comme une cuisinière hors pair) ;
- de la légitimité (je sais à quoi je sers en tant que mère) ;
- de l'obéissance (c'est mon domaine réservé et c'est moi qui donne les instructions) ; avec le domaine réservé, on voit apparaître le territoire, qui est un périmètre d'exclusivité, où on n'entre pas à moins d'y être expressément invité et toujours sous surveillance permanente.

> *Garder l'information pour rester utile.*

La rétention d'information permet aussi de s'assurer qu'on garde son utilité sociale. En cela, elle exprime une inquiétude, comme celle de cette mère qui craint de ne plus voir ses enfants. Enfin, l'information donne un ascendant sur les autres qui permet d'obtenir ce que l'on veut d'eux…

L'information « politique » comme élément de pouvoir

On pourrait également l'appeler information « communication ». C'est la connaissance d'un fait ou d'un événement auquel on attribue de l'importance. Ce type d'information est appelé à être divulgué, mais il s'agit alors d'être le premier à la donner. Si je suis le premier à disposer d'une information au sein d'une structure ou si je suis celui dont le rôle est de l'annoncer, cela me confère autorité, légitimité, reconnaissance, voire prestige.

Le mode de divulgation relève de la communication. Elle est parfois savamment mise en scène et peut faire l'objet d'une réunion solennelle où le public est tenu en haleine. Il s'agit par exemple du manager retransmettant les nouvelles instructions de la direction ou informant son équipe que le travail de cette dernière a permis de décrocher un contrat, du PDG annonçant les résultats de son entreprise ou une restructuration, du porte-parole de l'Élysée dévoilant la composition du gouvernement. On pense aussi au monde des médias toujours friand de scoops. Mais il peut aussi s'agir des parents qui annoncent à leurs enfants un déménagement ou un divorce, ou d'une personne informant ses proches d'une maladie grave (pour mesurer combien il est important d'être le premier à annoncer ce genre de nouvelles, imaginez la réaction des intéressés si une autre personne divulgue la nouvelle avant eux).

Celui qui divulgue l'information poursuit l'un ou plusieurs des objectifs suivants :

- s'attribuer la reconnaissance du destinataire d'avoir été informé ;
- s'attribuer, dans le cas d'une bonne nouvelle, l'émotion positive qu'elle aura suscitée ;
- créer une complicité entre ceux qui « savent » et ne doivent pas « dire » ;
- mettre en avant son autorité, sa compétence ou le fait qu'on est incontournable.

La forme d'expression est parfois plus lourde de sens que le contenu de l'information.

Comme on est dans le champ de la communication, **ce qui importe n'est pas tant le contenu apparent de l'informa-**

tion elle-même que ce qui est implicitement véhiculé par le mode de divulgation.

Sur le plan des comportements, la conséquence du maniement de l'information politique pousse à une rétention provisoire de l'information, de manière à la divulguer au moment où elle aura l'impact le plus important en faveur de celui qui l'a émise.

L'information-pouvoir ne se partage pas

Comme on le voit, **qu'elle soit technique ou politique, l'information est considérée comme une ressource précieuse et sa non-divulgation, provisoire ou permanente, comme un levier de pouvoir.**

L'information-pouvoir

Information « technique »
- information-formule
- savoir-faire
- information-organisation
- information commerciale

➜ Risque comportemental : rétention permanente

Information « politique »
- connaissance d'un fait ou d'un événement important

➜ Risque comportemental : rétention provisoire

Cela pousse à l'utiliser sur un mode individuel ou tribal. Quelle que soit sa nature, je garde l'information pour moi, mon équipe, ma division ou ma filiale. Si je la partage, je perds du pouvoir, de l'autorité, de la légitimité, donc de ce que je considère être ma valeur ajoutée. En outre, si je livre l'information, cela peut servir à ce qu'on me remette en question, à ce

13

qu'on me demande d'en faire plus ou autrement. Cela vaut, bien entendu, pour les concurrents externes, mais également pour les concurrents internes dans l'entreprise, car on se sent en compétition avec eux pour le bonus, la rétribution, l'emploi. Et on sera incité à conserver pour soi des informations dont d'autres secteurs de l'entreprise pourraient tirer profit.

À la limite, on veut bien partager, dans certains cas, l'information dont on dispose, mais il faut alors que soit reconnu de manière incontestable que l'on a été le premier à la fournir. Et souvent, on ne fera pas circuler l'information avant de s'être assuré que cette condition a été remplie, son détenteur attendant le moment qui donnera le plus grand retentissement à sa divulgation.

2 | QUAND L'AFFLUX D'INFORMATION CHANGE LA DONNE

ALORS QUE NOUS PARTONS D'UN SYSTÈME où l'information est, d'une certaine manière, précieuse et où nous avons tendance à la rationner, il nous faut désormais faire face à l'explosion du volume à traiter et à la multiplication des canaux. Cet accroissement de la masse et sa diversification donnent une acuité plus forte au problème de comportement face à l'information et défie nos automatismes de rétention.

Aujourd'hui, l'information s'accumule de toutes parts. Aux traditionnels rapports écrits, mémos et autres dossiers sur support papier s'ajoutent les e-mails et autres messages électroniques. La masse d'informations que l'on reçoit en entreprise connaît une croissance vertigineuse. Une étude de 1999 estime qu'un employé américain reçoit en moyenne, sur tous supports confondus, un total de 204 messages quotidiens, pendant que son homologue français doit en gérer 165. Ouf ! Pour les managers, c'est souvent pire : ils pourraient passer des journées entières à répondre à des e-mails (courrier électronique) et au téléphone. Ils ne reçoivent plus de messages : ils en sont tout simplement bombardés.

© Éditions d'Organisation

En dehors de l'échange verbal, on peut distinguer une dizaine de supports usuels d'information : le téléphone fixe ou mobile, le courrier électronique, la boîte vocale, le courrier postal ou express, le courrier interne, le fax, le post-it. Notre propos n'est pas de les passer tous en revue. Nous nous intéresserons aux comportements induits par les deux plus récents et dont l'utilisation connaît la plus forte croissance : l'e-mail et le téléphone mobile.

Leur usage raisonnable est incontestablement un grand progrès pour l'efficacité de l'entreprise. Nous allons nous concentrer sur les comportements dysfonctionnels (en sachant qu'ils ne le sont pas toujours, fort heureusement) et nous efforcer de les décrypter. Au-delà de tout comportement, il y a une communication. Or, la multiplication des canaux ainsi que la disponibilité de l'information offrent de nouveaux terrains de jeu à cette communication. Dans ce nouveau contexte et avec ces nouveaux moyens, se posent les questions suivantes : que veut-on signifier par ses comportements, quels messages veut-on transmettre ?

L'e-mail : trop d'information nuit à l'information

Celui qui émet l'e-mail : plus j'en envoie, mieux c'est

Comme on l'a dit, on peut admettre de partager l'information avec les autres acteurs de l'entreprise, mais, dans ce cas, il faut montrer clairement qu'on a été le premier à la donner, qu'on en est la source. Traditionnellement, cela se traduit par les notes commençant par « de untel à... » avec une liste de destinataires à rallonge, sans oublier les « Cc » (destinataires en copie carbone) et les « Pi » (destinataires « pour information »).

Avec l'e-mail, c'est encore plus simple. Plus besoin de faire des photocopies, il suffit de cliquer sur le nom de chaque destinataire et de le placer dans la catégorie « À » ou « Cc », voire « Cci » (destinataires dont le nom n'apparaît pas). Un dernier click et le message est automatiquement transmis à tout le monde. La capacité de production de messages multi-destinataires est multipliée de manière exponentielle. Il devient facile de créer de la circulation d'information, ou plutôt de données, avec l'illusion de créer de l'information.

Le danger réside bien dans l'envoi en masse d'e-mails ; rendu aussi facile, il est tentant pour plusieurs raisons :

L'information remplissage

« Plus j'envoie d'e-mails, plus je transmets aux autres – et à moi-même – l'impression que je suis actif. » L'émetteur éprouve le besoin de faire connaître l'étendue de son travail, de laisser une trace de la réalisation de sa mission ou de sa contribution. Marqué par des années de politiques de restructurations, de contrôle des coûts, de dégraissages et de charrettes en tous genres, il estime devoir occuper le terrain pour éviter que sa hiérarchie se pose la question fatale : que fait-il, comment occupe-t-il ses journées ? Parfois, lorsque le message est volumineux, l'objectif attendu n'est pas que le destinataire se livre à une lecture minutieuse, mais plutôt qu'il en mesure l'ampleur.

L'information parapluie

« Si j'envoie une information par e-mail, on ne pourra pas me reprocher de ne pas l'avoir transmise. » On pourrait également la nommer **information-couverture**. Gavé par les discours visant à améliorer la communication interne et désorienté par les bouleversements hiérarchiques continus, l'émetteur estime devoir se protéger d'un éventuel reproche. C'est d'autant plus important que, souvent, les processus et les schémas d'organisation sont flous. Dans ce contexte, pas question d'être celui qui sera désigné comme le responsable de la rétention d'information, le frein à la bonne marche de l'entreprise. Alors, un peu comme le consommateur réunit les différentes pièces en prévision d'une réclamation et adresse des courriers avec accusés de réception, l'émetteur d'e-mails construit son dossier d'envoi de messages en prenant bien soin d'en conserver l'historique. La liste de diffusion mémorisée se révèle particulièrement perverse : inutile de réfléchir à la composition du groupe de destinataires. Au pire, se dit l'émetteur, ça ne peut pas faire de mal à quelqu'un de recevoir un message inutile ; le risque est bien faible comparé au reproche de ne pas avoir transmis une information importante.

L'information défausse

« **Je ne sais pas traiter cette information, par conséquent je la renvoie, ce qui m'évitera peut-être de traiter le problème.** »

Elle correspond à la patate chaude qu'on se repasse. C'est, par exemple, la demande embarrassante formulée par un client qui veut raccourcir les délais ou disposer d'un produit sur mesure ; ou bien le marketing qui soumet un problème, alors qu'on est en charge de la distribution. Plutôt que de dire non (si tant est que le processus le commande) ou de traiter la demande, on préférera la retransmettre telle quelle pour qu'elle soit traitée par la hiérarchie ou par un autre service. Cela évite de prendre une décision ou une position et d'en assumer la responsabilité.

Finalement, les choses se passent souvent comme si l'émetteur compulsif d'e-mails cherchait à se protéger contre un contentieux potentiel avec sa hiérarchie. Il se tient prêt « au cas où ». Le comportement est clairement dicté par le sentiment de menace, le souci de se protéger, la peur. Ici, le « contentieux » supposé est le maintien du poste, l'évolution salariale ou de carrière.

Pour l'émetteur compulsif, la valeur ajoutée de l'information ne réside pas tant dans son contenu que dans son caractère « politique ». Mais désormais pas de rétention provisoire – c'est inutile, étant donné que l'information circule très vite : il s'agit de se positionner en tant que source de l'information et, pour cela, de l'émettre le plus rapidement possible. On ne la livrera pas sous la forme la plus intéressante pour le destinataire, mais sur le mode le plus valorisant pour l'émetteur, qui en attend une protection, une autorité, du prestige. On est dans le jeu de la communication et ce qui compte n'est pas dans l'information elle-même (qu'on appelle le « digital »), mais dans la manière dont elle est véhiculée (qu'on appelle « l'analogique »).

Ce faisant, on s'éloigne à coup sûr de la notion de valeur ajoutée de l'information. Ce type de comportement risque de s'étendre si les instructions de la hiérarchie en matière de remontée d'information ne sont pas claires ou s'il n'y a pas de feed-back.

Sylvie envoie son rapport à Howard et se couvre

Sylvie est directrice de recherche clinique dans la filiale française d'un groupe pharmaceutique. Michel, son assistant de recherche lui adresse chaque semaine un dossier de 40 pages à propos de l'avancement d'un projet sur une nouvelle molécule. Sylvie lui a demandé de mettre en copie d'e-mail Howard, le directeur du développement international du groupe, basé au siège.

Entretien avec Sylvie :

— *Sylvie, peux-tu me dire l'utilité de transmettre toutes les semaines à Howard le dossier d'avancement ?*

— *Eh bien, c'est simple, on m'a demandé de faire un point hebdomadaire sur l'avancement du projet, alors je fais transmettre le dossier au siège.*

— *Quel est l'avantage de transmettre tout le dossier ? Que se passerait-il si tu envoyais toi-même une synthèse ?*

— *En fait, ça fait plaisir à Michel d'adresser le dossier directement à Howard. Ça ne mange pas de pain : Howard peut mesurer l'ampleur de son job et constater que je fais bien travailler mon équipe.*

— *Howard a le temps de lire tout le dossier ?*

— *À vrai dire, je ne sais pas comment il fait. Il a sûrement une méthode. Mais si je lui envoyais une synthèse, cela mettrait en valeur les écarts par rapport au planning et il ne manquerait pas de me poser 36 questions, ce qui accroîtrait la charge de travail de l'équipe ; au moins, le dossier l'occupera. Et puis, je les connais au siège : je préfère ne pas prendre le risque d'omettre de leur remonter une information peut-être importante. En envoyant l'ensemble du dossier, je me couvre.*

La valeur ajoutée de l'information ne réside pas tant dans son contenu que dans son caractère « politique ». On ne la livrera pas sous la forme la plus intéressante pour le destinataire mais sur le mode supposé être le plus valorisant pour l'émetteur.

- « Plus j'envoie d'e-mails, plus je transmets aux autres – et à moi-même – l'impression que je suis actif. » C'est l'information-remplissage.

.../...

.../...

> • « Si j'envoie une information par e-mail, on ne pourra pas me reprocher de ne pas l'avoir transmise. ».C'est l'information-parapluie (ou couverture).
>
> • « Je ne sais pas traiter cette information, par conséquent je la renvoie, ce qui m'évitera peut-être de traiter le problème. » C'est l'information-défausse (la patate chaude).

Celui qui reçoit l'e-mail : si je conserve et traite tout, je ne prends pas de risque...

Ce qui change avec la réception des e-mails, c'est la sollicitation en terme de volume d'information. Les managers d'un grand groupe industriel français déclaraient recevoir près de 60 e-mails par jour. Le responsable des rémunérations des cadres d'un grand groupe de distribution en a retrouvés près de 500 dans sa boîte de réception à son retour de deux semaines de vacances. Lorsque nous intervenons en entreprise, l'impression de submersion et l'émotion qui y est associée sont clairement perceptibles. En 1996 déjà, le secrétaire général d'une compagnie pétrolière nous confiait qu'il consacrait près de 1 h 30 chaque matin à répondre à son courrier électronique. Quand on songe à l'explosion qu'a connu l'e-mail depuis...

La sensibilité à l'afflux des e-mails est d'autant plus aiguë que les politiques de réduction des coûts qu'ont connues toutes les entreprises d'importance ces 15 dernières années se sont attaquées prioritairement aux frais généraux et aux sièges sociaux, ce qui a fortement réduit le support administratif dont disposaient les managers. Il n'est pas rare de rencontrer des membres de comités exécutifs ou de directoires qui ne disposent pas d'un ou d'une secrétaire en propre. Ainsi, les managers sont souvent seuls face à l'avalanche d'e-mails.

Il s'agit alors de les traiter. L'exercice commence à être bien connu de toute personne possédant une adresse électronique : on charge les messages, on lit la liste des intitulés des nouveaux messages, puis on commence à en ouvrir quelques-uns. Le plus souvent, le nombre est tel qu'il est difficile de distinguer ce qui est important de ce qui l'est moins. Il convient alors de faire un tri. Nombreux sont ceux qui finissent par traiter les mails en fonction de l'importance hiérarchique de l'émetteur. Puis on s'aperçoit qu'on n'aura pas assez de temps pour lire chaque message minutieusement, alors on zappe vers le mail suivant. Mais, avant cela, nous prend l'envie de détruire celui qu'on vient de quitter puisqu'on en a pris connaissance, même de manière rapide. Jusqu'ici, tout va bien.

Il est difficile de jeter, sauf sur un mode impulsif.

Et pourtant, une autre petite voix nous souffle de conserver cet e-mail. À observer les collaborateurs et les managers des entreprises où nous intervenons, **il apparaît qu'il est difficile de vider, de jeter, de détruire.** La petite voix se fait insistante. Elle est d'autant plus difficile à ignorer que c'est le surmoi, siège de la culpabilité, qui s'exprime alors. Au cœur de ce dilemme, c'est la légitimité du manager ou du collaborateur qui est en jeu. Les représentations qui freinent peuvent se résumer de la manière suivante :

« Si je ne conserve pas ce message, je risque de perdre une information importante. »
On pourrait également reformuler la représentation : « Je ne dois pas perdre d'information importante. » Lorsque le destinataire du message hésite à détruire un message, il y a chez lui de l'anxiété devant les conséquences supposées

de la perte d'une chose potentiellement importante. Souvent la peur de perdre une opportunité. C'est l'illusion de l'information technique en tant qu'élément de pouvoir qui revient en force. « On ne sait jamais, se dit le destinataire des e-mails, le contenu du message peut m'être utile ; en fait, toute information peut m'être utile à un moment ou à un autre. » Illusion d'autant plus vaine que l'information technique reste en tout état de cause disponible, ne serait-ce que chez l'émetteur. C'est un schéma bien connu de ceux qui traitent les troubles obsessionnels compulsifs. Il y a aussi la peur devant la punition qui pourrait venir sanctionner la perte d'une information importante : « On va me reprocher de ne pas avoir conservé cette information. »

« Si je ne réponds pas à ce message, on risque de me le reprocher. »
Doit-on répondre à 60 e-mails par jour ? Bien sûr que non. Il ne se trouve pas de situation où la valeur ajoutée d'un manager réside dans le traitement quotidien de 60 questions adressées par courrier électronique. La boîte de réception devrait être complètement vidée chaque jour. Seuls quelques rares messages et fichiers envoyés devraient être conservés. La difficulté à le faire trouve sa source dans la confusion sur la valeur ajoutée du manager[1]. La représentation souvent partagée postule qu'il faut répondre aux questions (la petite voix précise : « à toutes les questions »), qu'on doit être disponible (et la petite voix d'ajouter : « complètement disponible »). Dans la posture du collaborateur, c'est la peur de ne pas pouvoir répondre aux questions de la hiérarchie qui agit.

---

1. *Le Manager est un psy*, Éric Albert et Jean-Luc Émery, Éditions d'Organisation, 1998.

Résultat : on laisse de multiples messages dans sa boîte de réception ou d'archivage, qui viennent s'ajouter aux e-mails de la veille, pour lesquels on a tenu le même raisonnement et qu'on n'a pas eu le temps de traiter, qui eux-mêmes s'ajoutent aux e-mails de l'avant-veille... La boîte de réception devient parfois le planning de la journée de travail, ce qui est un comble. Un beau jour, peut-être tous les 15 jours ou tous les mois, l'accumulation d'e-mails non traités est telle que, dans un moment d'agacement et de saturation, on les efface tous, ce qui ne manque pas de procurer, en même temps que le soulagement, une gêne, un embarras, la peur d'avoir peut-être laissé passer une information intéressante. Et le cycle recommence.

La boîte à e-mails est un peu comme un tonneau des Danaïdes inversé ou comme l'atelier que doit nettoyer l'apprenti sorcier dans le dessin animé de Walt Disney : on ne cesse de le vider et, à chaque fois, il se remplit toujours plus vite. Le temps des managers et des collaborateurs passé à y répondre s'accroît constamment.

Nos représentations relatives à l'information datent d'un autre âge.

À chacune des étapes décrites, nous savons ce qu'il faut faire techniquement (tri, ré-ordonnancement, archivage, destruction, traitement). Si ce n'est pas le cas, il suffit de consulter les catalogues de plans d'action de tout bon séminaire de gestion du temps. En fait, l'enjeu ne réside pas dans le traitement rationnel. **Le problème est que nos représentations relatives à l'information datent d'un autre âge ; elles sont inadaptées, elles nous piègent, suscitent de l'émotion et rendent pénible l'adaptation comportementale.**

© Éditions d'Organisation

Dans la pratique, on observe deux cas de figure :

- soit le comportement est inapproprié,
- soit il est adapté, mais, dans ce cas, l'émotion reste présente et l'intéressé n'est pas complètement à l'aise ; si l'émotion persiste, il reviendra à un comportement dysfonctionnel pour l'apaiser.

Howard reçoit le rapport et subit la pression

Nous retrouvons Howard, directeur du développement international d'un groupe pharmaceutique étranger et basé au siège.

Entretien :

— Howard, de quelle manière traites-tu les rapports hebdomadaires d'avancement qui te sont fournis par les directions de recherche clinique des filiales via e-mail ?

— J'ai de plus en plus de difficultés à les lire et à les traiter. J'en reçois chaque semaine près de 15, qui font chacun plusieurs dizaines de pages. En fait, je les survole, faute de temps.

— Est-ce que tu y réponds ?

— Il faudrait que je le fasse, mais j'avoue que c'est vraiment très dur en ce moment. Tu sais, je reçois environ 80 e-mails par jour.

— Alors ?

— Alors, ça s'empile dans ma boîte et je passe mon week-end à les écluser.

— Et si les filiales t'adressaient une synthèse de l'avancement des différents projets plutôt que le dossier complet ?

— C'est vrai que cette solution serait plus adaptée. Néanmoins, ça me rassure de suivre pas à pas l'ensemble des projets, d'autant que les objectifs de cette année sont très exigeants. Et puis, il faut que je puisse répondre à toutes les questions du directoire. Je n'aimerais pas que mon président me prenne en défaut de connaissance du travail de mes équipes. J'ai besoin d'être au courant de tout et de faire savoir

aux équipes étrangères qu'elles sont suivies. C'est d'ailleurs pour cela que je ne peux pas confier cette tâche à Audrey [la secrétaire].

— Si je comprends bien, tu as peur de ne pas savoir répondre aux questions de ton patron.

— On peut voir les choses de cette manière. Au passage, puisqu'on parle d'e-mails, je suggère que nous communiquions par fax ; si tu m'envoies un e-mail, il sera noyé dans ma boîte.

— Et si je dois t'envoyer un fichier important ?

— Préviens-moi par fax que tu m'as envoyé un e-mail important. C'est ainsi que je procède et cela m'évite le reproche de ne pas être au courant.

Le retour d'information est important. On pourrait imaginer qu'il est naturel pour un manager de renvoyer un mail à l'envoyeur expliquant qu'il ne souhaite plus recevoir un certain type de message ou qu'il souhaite le recevoir sous une forme expurgée. Dans nos interventions, nous avons rencontré des managers qui attendaient d'être exaspérés pour renvoyer ce type de message, d'être persuadés que telle personne décidément n'envoie que des e-mails inutiles. Souvent, le feedback est formulé de manière agressive et binaire ; le problème est ainsi géré sur le mode émotionnel.

Ne plus être au centre de l'information, c'est perdre le contrôle.

En fait, il est difficile de ne plus être au centre de l'information, de ne plus être averti de tout, de perdre le contrôle. La submersion d'e-mails, et donc d'information, a quelque chose de rassurant. C'est le cas de ce patron d'une agence de publicité new-yorkaise de 35 personnes, qui passe la plus grande partie de sa journée devant son écran et qui exige de son collaborateur en mission pour un mois à Paris qu'il lui adresse un e-mail tous les jours ; quand on interroge le collaborateur sur l'utilité de l'e-mail quotidien, il répond très simplement que le message a pour but de donner au boss l'impression que « l'on est avec lui ».

Ceux-là mêmes qui se plaignent d'être bombardés seront perturbés le jour où la quantité d'e-mails reçus aura diminué de moitié. L'« overwhelming info flow » agit comme une drogue. Et s'ils ne devaient recevoir aucun message, ce serait encore pire : soyez assurés que certains feraient le siège de leur service informatique, persuadés que le réseau est en panne. Il suffit de penser à la panique qu'a suscitée l'attaque du virus ILOVEYOU ; plus que la peur du virus, on pouvait percevoir chez certains l'angoisse du vide, la crainte de ne plus recevoir leur lot quotidien d'e-mails.

Un autre piège de l'e-mail est son caractère impromptu. Cela vaut pour les entreprises disposant de connexions continues au net. À l'arrivée du moindre mail, apparaît alors sur l'écran de l'ordinateur la fameuse fenêtre « Vous avez un nouveau message ». Il faut beaucoup d'efforts sur soi pour ne pas interrompre le travail en cours et se précipiter pour lire le mail. À la sollicitation en terme de volume d'information reçu, s'ajoute celle de la disponibilité instantanée du destinataire, à l'instar de ce qui se produit avec le téléphone mobile.

La boîte à e-mails est comme un tonneau des Danaïdes inversé : on ne cesse de le vider et, à chaque fois, il se remplit toujours plus vite. Le temps des managers passé à y répondre ne cesse de s'allonger.

.../...

...*/*...

- « Si je ne conserve pas cet e-mail, je risque de perdre une information importante. »
- « Si je ne réponds pas à cet e-mail, on risque de me le reprocher. »

Le téléphone mobile : trop de disponibilité nuit à la disponibilité

Le véritable changement dû au mobile est lié à l'exigence de disponibilité. Quel que soit le lieu où se trouvent l'appelant comme l'appelé, ils doivent pouvoir se joindre. L'enjeu technique de base paraît simple : le mobile est un outil permettant de s'affranchir de la contrainte de lieu. Or, de la résolution de la contrainte géographique, on glisse vers la négation de la contrainte de temps. Tout le monde sait qu'il y a des moments pour utiliser le portable, d'autres pour l'éteindre. Dans la pratique, il est tout le temps activé. L'illusion est celle de la disponibilité totale. Explorons les représentations correspondantes.

Celui qui appelle : tout, tout de suite

« J'ai besoin d'obtenir l'information tout de suite. »
Si on considère que l'information est un élément de pouvoir, il est bien tentant de chercher à l'obtenir systématiquement dès que l'envie s'en fait sentir. La peur ou la frustration de ne pas en disposer va susciter l'immédiateté de la demande. On confond alors l'envie et le besoin réel d'information à un moment donné. La frustration sera d'autant plus forte pour un manager que ses collaborateurs disposent souvent de l'information avant lui ; c'est là que le mobile se révèle être l'instrument de sa revanche, lui qui a vu au fil du temps s'amenuiser son pouvoir de

contrainte sur le temps et le lieu d'exercice professionnel du collaborateur (horaire collectif et bureau).

Un autre facteur incite à vouloir l'information dès que l'envie s'en fait sentir. Quand on n'a pas l'information immédiatement, on peut être amené à reporter sa tâche ou sa réflexion du moment : « J'ai besoin de l'information tout de suite pour continuer ce que je fais. » Achever une tâche, c'est l'achever émotionnellement ; la laisser inachevée, même temporairement, implique de garder, de laisser en suspens, de gérer une émotion dont on aimerait bien se débarrasser. Pas si simple, surtout si l'information peut être demandée par la hiérarchie. Et pourtant, la vie d'une entreprise est, par définition, faite de tâches entamées et temporairement inachevées.

Didier veut pouvoir joindre ses collaborateurs

Didier manage une équipe de 10 personnes dans un groupe de distribution.

– Il m'arrive souvent de chercher à joindre des collaborateurs ou des collègues sur leur téléphone portable. Il n'y a rien qui m'énerve plus que de tomber sur la messagerie. Ça arrive tout le temps.

– Tu n'obtiens jamais personne en direct ?

– Si, en fait une fois sur deux, mais c'est pénible les autres fois. Surtout s'il s'agit d'un collaborateur.

– Et pourquoi ?

– Je considère qu'à partir du moment où l'entreprise paye un mobile à des salariés, ils devraient toujours le laisser allumé.

– Tu laisses toujours allumé le tien ?

– À vrai dire, non, mais ça m'énerve d'être sur un dossier sur lequel on pourrait me demander des comptes, de ne pas avoir la réponse que je cherche et de me dire que mes collaborateurs l'ont.

« J'ai besoin de vérifier l'information tout de suite. »
On retrouve la palette des émotions face au risque d'erreur, alimentées par le doute de soi ou de ses équipes. Expression du syndrome d'hyper-contrôle, l'anticipation est alors incessante : « Ça s'est bien passé avec le client ? Le produit est arrivé ? Tu as transmis le devis dans les temps ? » Une variante : ne pas pouvoir vérifier l'information immédiatement peut amener à faire des hypothèses. Faire une hypothèse implique de renoncer à rétrécir le champ des incertitudes, ce qui peut être générateur d'émotions.

« J'ai besoin du retour d'information tout de suite. »
Le doute, la culpabilité, l'anxiété peuvent conduire à solliciter immédiatement le feed-back : « J'ai besoin de savoir ce qu'en pense l'autre, j'ai besoin de me justifier si nécessaire. » On n'est pas très loin du schéma de vérification précédent.

« J'ai besoin d'aller à l'information. »
Dans ce cas de figure, la motivation profonde n'est pas relative à une information précise. Le besoin est celui d'être relié à l'information, quelle qu'elle soit, ou à quelqu'un. On pense aux appels où l'appelant cherche « à faire un point », vient aux nouvelles. Les émotions en jeu, c'est la peur devant le vide, d'être déconnecté, hors du coup et de perdre le contrôle des choses.

« J'ai besoin de transmettre l'information tout de suite. »
L'information-pouvoir revêt ici sa forme « politique ». Si je suis le premier à transmettre l'information, je peux en attendre de la considération, de la légitimité ou de l'autorité ; en outre, j'en profite pour rappeler ma pré-

sence. Le caractère aberrant du comportement induit par cette représentation sera d'autant plus appuyé que l'information circule de plus en plus vite avec le téléphone mobile. Et, manque de chance, nous sommes de plus en plus nombreux à en disposer. D'où l'effet de course-poursuite effrénée à qui sera le premier.

Celui qui est appelé : tout le temps, le plus vite possible

« J'ai besoin d'être informé dès que possible. »
Si je ne dispose pas de l'information tout de suite :

- les autres pourraient être informés avant moi,
- je risque de ne pas pouvoir répondre aux questions que l'on me pose.

Là encore, le syndrome de l'information-pouvoir agit en force. Il s'agit à la fois d'obtenir un contenu d'information et de l'obtenir le plus vite possible. On retrouve la confusion entre l'envie et le besoin réel d'information à un moment donné. La seconde représentation révèle la peur d'être pris en défaut de ne pas savoir.

« Je dois pouvoir être joint à tout moment. »
Une nouvelle fois, la représentation est nourrie par la confusion quant à la valeur ajoutée du manager qui estime devoir répondre aux sollicitations (« à toutes », dira la petite voix) et apporter des réponses (« toutes les réponses ») ; autrement, il ne se sent pas légitime. On retrouve également le désir d'être constamment au centre de l'information. Comme si celui qui prend le risque de ne pas être « IN » à tout moment était définitivement « OUT ».

31

Dans la position du collaborateur, le schéma est plus évident : il y a la peur d'être pris en défaut par sa hiérarchie lorsqu'il n'est pas joignable. La représentation est la suivante : « Si je ne suis pas joignable, le chef va croire que je ne fais rien. » Ça paraît simpliste ? Malheureusement, force est de constater que cette représentation est souvent réaliste.

> *L'échange d'information via le mobile est souvent orienté, non pas vers la création de valeur, mais vers l'apaisement immédiat de l'émotion.*

Obtenir l'information immédiatement, être le premier à la diffuser, être branché en permanence et en temps réel, telles sont les tentations induites. Ce qu'on peut dire, c'est que **l'échange d'information via le mobile est souvent orienté, non pas vers la création de valeur, mais vers l'apaisement immédiat de l'émotion.** Dans la pratique, les limites de la technique et de la disponibilité des individus sont autant de freins (heureux ?) à l'utilisation compulsive du mobile, mais, comme pour l'e-mail, l'émotion reste présente et les représentations nécessiteraient une réévaluation urgente.

L'utilisation du mobile est souvent orientée vers l'apaisement immédiat de l'émotion négative.

« J'ai besoin d'obtenir l'information tout de suite. »

« J'ai besoin d'aller à l'information. »

« J'ai besoin de vérifier l'information tout de suite. »

« J'ai besoin du retour d'information tout de suite. »

.../...

.../...

> « J'ai besoin de transmettre l'information tout de suite. »
>
> « J'ai besoin d'être informé dès que possible. »
>
> « Je dois pouvoir être joint à tout moment. »

La surabondance de l'information et sa rapidité vont s'attaquer à notre capacité à la hiérarchiser et à la traiter.

En un temps record, on est donc passé d'une logique de limitation de l'information à son afflux massif. En 1995, les technologies de l'information et de la communication n'étaient pratiquement pas utilisées ; aujourd'hui, l'e-mail, le net et le mobile sont largement répandus. Pour certains, on est passé du trop peu au trop plein d'information. Mais la gestion du trop plein cache souvent un comportement de type « rétentif ». En fait, notre rapport à l'information n'a pas fondamentalement évolué. Par exemple, inonder d'informations le maximum de personnes à tout moment, c'est inviter à trouver une aiguille dans une meule de foin. Qu'elle arrive via l'e-mail ou le téléphone mobile, **la surabondance de l'information et sa rapidité vont s'attaquer à notre capacité à la hiérarchiser et à la traiter.**

Registres de sollicitation

Volume d'information		Disponibilité instantanée
++	E-mail	+
+	Téléphone mobile	++

3 | LE NOUVEL USAGE DE L'INFORMATION : CRÉER DE LA VALEUR

À QUOI NOUS OBLIGENT L'E-MAIL et le téléphone mobile ? Tout d'abord, à faire circuler plus d'information et plus vite. À quoi sommes-nous habitués ? À retenir, même temporairement, l'information en vue d'un bénéfice individuel ou tribal. **Armés de nos représentations traditionnelles de l'information, nous manions des instruments qui les soulignent de manière caricaturale.** Nous avions coutume de calmer nos émotions par la rétention, et voilà que de nouveaux outils nous commandent de recevoir et diffuser vite.

Poussons le questionnement plus loin. Quelle est la nature profonde de la sollicitation de l'e-mail et du téléphone mobile ? Elle n'est pas seulement de faire circuler plus d'information et plus vite, mais également de la traiter. **La traiter, ça veut dire analyser le flux entrant et y apporter de la valeur avant de le retransmettre (si tant est qu'il le faille).** Quelle est notre réaction spontanée ? Elle consiste à gérer l'information de façon à ne pas mettre son territoire en danger, c'est-à-dire en respectant l'ordre territorial et l'ordre hiérarchique. Nous avions l'habitude de ne traiter que les informations relatives à notre territoire (mission, fonction, expertise, etc.) et de ne pas avoir à nous positionner par rapport aux autres informations ; c'est la hiérarchie ou d'autres entités qui le faisaient. Manque de chance, « d'autres » informations se présentent à nous : dans une entreprise, la fonction vente peut recevoir de l'information relative à la production, la logistique sur les contraintes publicitaires, le contrôle de gestion sur le marketing, etc. Et pas question de se contenter de les retransmettre telles quelles, comme si elles nous étaient parvenues par erreur. Le volume rend inopérante la stratégie d'évitement.

Le décalage entre les comportements traditionnels et les comportements attendus par les technologies de l'information et de la communication

Comportements traditionnels tels qu'ils subsistent

- Je reçois une quantité limitée d'informations et j'en fais généralement rétention. Si je la divulgue, c'est pour mon bénéfice personnel.

- Je ne traite que l'information qui touche à mon territoire. Le reste ne m'est généralement pas transmis. Même quand c'est le cas, je ne le traite pas : c'est le boulot de la hiérarchie ou d'autres.

Les comportements tels qu'ils devraient être dans le contexte d'aujourd'hui

- Je reçois un grand volume d'informations et je le transmets rapidement.

- J'apporte de la valeur et je me positionne par rapport aux informations, même lorsqu'elles n'appartiennent pas à mon territoire ou à mon niveau hiérarchique.

Les conséquences de ce décalage :
- comportements dysfonctionnels,
- comportements appropriés, mais charge émotionnelle.

© Éditions d'Organisation

Le résultat, ce sont, au mieux, des comportements appropriés mais qui mettent les individus dans une posture émotionnellement inconfortable, au pire, les comportements dysfonctionnels que nous venons de décrire. Ces derniers laissent transparaître un mode de fonctionnement basé sur la hiérarchie et la peur d'être pris en défaut : en deux mots, la protection et l'obéissance.

La rétention d'information n'est plus jouable

Voudrait-on faire de la rétention pure et simple d'information qu'on ne le pourrait plus. **L'information ne se contrôle plus par la rétention ; elle circule, d'une manière ou d'une autre.** Voudrait-on ne pas se positionner par rapport à certaines informations ? C'est possible, mais cela finit par se savoir. **Celui qui n'apporte pas de valeur comme relais de l'information est rapidement identifié comme un poids pour l'organisation.** Il prend un risque important.

Bernard contourne sa hiérarchie

Bernard est le directeur départemental d'un groupe bancaire. Il soumet à sa hiérarchie parisienne un projet d'investissement très original, qu'il estime important. Le dossier est transmis par e-mail. Au bout de 15 jours, sa hiérarchie n'a toujours pas renvoyé le moindre feed-back, ce qui pousse Bernard à la relancer par quelques messages. En vain. Craignant l'enterrement de première classe de son dossier, il décide de le diffuser, à titre d'information, auprès de tous les responsables régionaux de la banque, ainsi qu'à une importante liste de top managers du siège, en prenant soin d'indiquer que le projet a été soumis à son n + 1 à une certaine date et qu'il est depuis en attente de la réponse. Le résultat ne se fait pas attendre. Bernard est immédiatement contacté par son responsable hiérarchique qui, très embarrassé, lui assure que le projet n'est pas ajourné, *qu'il est bien en cours d'étude et que l'aval ne saurait tarder. Ce qui est fait quelques jours plus tard.*

Quand on en parle avec Bernard, il ne cache pas sa satisfaction : l'incident lui a permis de faire passer le dossier ; surtout, il a mis en évidence qu'aucun nœud d'information, même hiérarchique, n'est en mesure de retenir l'information. À ses yeux, si un nœud bloque l'information, il suffit de le contourner, ce qui est un jeu d'enfant avec l'intranet.

La rétention n'est plus possible et le non-positionnement risqué. À l'inverse, on ne peut s'accommoder de la submersion par l'information. Dans ce contexte, quelle est la conduite à tenir, où est la valeur de l'information ?

Ce qu'il faut, quand il faut, à qui il faut

Osons une comparaison footbalistique : l'information, c'est comme la passe du ballon. Elle doit être dosée, adressée selon le contexte au type de joueur qui saura en faire bon usage – défense, milieu de terrain, attaquant – au moment où il pourra en faire le meilleur usage, par exemple lorsqu'un attaquant est bien positionné. Le dosage, c'est à la fois le contenu et le reformatage de l'information, que l'on adresse au destinataire adéquat au moment adéquat. Si l'on poursuit la comparaison, l'attaquant qui râle en permanence parce qu'on ne lui passe pas le ballon, ce pourrait être celui qui cherche à joindre systématiquement sur leur portable ceux qui pourraient lui apporter l'information désirée. Le défenseur qui fait un dégagement précipité en touche alors qu'il n'est pas cerné par les adversaires, ce pourrait être celui qui renvoie l'information patate chaude, etc. La meilleure manière de gagner au football, c'est de jouer collectif ; dans cette logique, un défenseur peut marquer un but comme un attaquant se mettre à défendre. Certes, il est possible de marquer des buts spectaculaires sur des actions personnelles, mais, à un certain niveau, l'évolution des moyens, des supports d'informations et des techniques rend la chose de plus en plus difficile.

> *Est-ce que je manie l'information pour calmer mon émotion ou pour faire avancer les choses ?*

Jusqu'à un certain point, il en va de même dans l'entreprise en matière d'information. **Jouer collectif, c'est apporter de l'information à valeur ajoutée. C'est fournir l'élément d'information adéquat, au destinataire adéquat et au moment adéquat : quoi, qui et quand ?**

Dans l'entreprise, c'est d'autant plus important que, à la différence du terrain de football, les joueurs ne sont pas concentrés sur un ballon mais sollicités de partout. Comme l'indique fort bien Thomas H. Davenport[1], la denrée rare de notre système économique, ce n'est pas l'information, mais l'attention humaine. En effet, **la valeur de l'information est nulle si elle ne retient pas l'attention du destinataire, ce qui est une règle de la communication. Il faut donc faire l'effort de se mettre à la place de l'autre et d'explorer ce qui pourrait l'intéresser**, plutôt que de produire ou recevoir de l'information pour calmer sa propre émotion. Ce qui nécessite de se poser systématiquement la question suivante : **lorsque j'envoie, je sollicite ou je conserve une information, le fais-je pour calmer mon émotion ou pour apporter de la valeur au système ?**

---

1. Professeur de gestion de l'information à la School of Management de l'université de Boston.

Ce questionnement général, qui suggère de faire la part entre l'émotion et la valeur ajoutée, est décliné à sa manière par Peter F. Drucker[1], qui propose un questionnement méthodologique détaillé :

- À qui dois-je apporter l'information pour que les autres puissent faire leur travail ? Quelle est l'information que je dois apporter ? Sous quelles formes ? Dans quels délais ?
- Quelle est l'information dont j'ai personnellement besoin ? Qui peut me la donner ? Sous quelle forme ? Dans quels délais ?

La piste ainsi dessinée est particulièrement intéressante. Elle ne dispense pas de se demander quelle est la part de l'émotion et de la valeur ajoutée à chaque étape du questionnement : est-ce que le délai que je demande, la forme que je suggère ou la liste de destinataires que je propose sont en rapport avec mon émotion (ça me valorise, ça me rassure, ça me justifie, etc.) ou avec la valeur ajoutée que cela peut apporter au système (ça fait avancer les choses) ?

Georges, responsable grands comptes, joue collectif

Georges est le responsable grands comptes d'un groupe spécialisé dans le matériel bureautique. Il est informé par l'un de ses clients, un grand groupe informatique, qu'une PME filiale de ce dernier, basée en Lorraine, compte renouveler son parc de copieurs. Le marché ne rentre pas dans ses attributions mais Georges demande néanmoins à son client quelques précisions relatives à l'interlocuteur dans la filiale et au type de machines souhaité. L'information recueillie, il envoie un mail à sa collègue Julia,

---

1. Professeur de sciences sociales et de management à l'université Claremont en Californie.

directrice régionale Grand Est basée à Strasbourg, l'informant de la possibilité de placer des machines d'un certain type sur la filiale en question. Le mail fait quelques lignes et Georges le conclut en indiquant qu'il tient à sa disposition les détails dont il dispose. Julia lui retourne le mail pour lui dire qu'elle est intéressée et qu'elle le rappellera prochainement, ce qu'elle fait deux semaines plus tard. Georges lui transmet les informations complémentaires. En quatre mois, l'équipe de Julia obtient le marché de la PME, avec des machines différentes de celles initialement souhaitées, mais à plus forte marge.

Pourquoi le partage de l'information crée-t-il de la valeur ?

La chose peut sembler évidente. Justement, il est toujours bon d'interroger les évidences. Tout d'abord, échanger l'information ne se réduit pas à faire circuler des données. On a vu que **la denrée précieuse du nouveau contexte économique, c'est l'attention humaine, celle de son interlocuteur.** Pour la capter, il faudra presque toujours traiter l'information, donc lui apporter de la valeur. C'est ainsi que l'on élabore de l'information à valeur ajoutée, à partir d'une information brute (il se peut aussi que l'interlocuteur ne dispose pas de l'information brute et que sa seule transmission captera son attention, mais c'est de plus en plus rare, car nous sommes inondés d'informations) la question est maintenant de savoir en quoi partager l'information crée plus de valeur qu'un mode de fonctionnement rétentif, en quoi cela génère plus de business, en quoi cela apporte un plus perçu par le client ?

C'est la signification qu'on apporte à l'information qui importe. Dans notre environnement complexe la valeur vient de la synthèse des informations de différentes sources. Cela suppose d'échanger l'information entre diffé-

rents experts. Dans les services, l'avantage concurrentiel repose principalement sur un traitement pertinent de l'information. Que vous conseillez un client sur ses placements en bourse ou que vous lui organisiez un voyage, il vous faut disposer de bonnes informations et les traiter. Ces informations viennent nécessairement de différentes sources et l'un des enjeux principaux est qu'aucune source ne manque.

Il est exceptionnel à notre époque de créer de la valeur pour une multiplicité d'intervenants qui contribuent à un ensemble. Le premier à le faire ramasse la mise auprès du client. En effet, ce dernier est lui-même sollicité par un volume croissant d'informations et deviendra mécaniquement plus « sollicitant » par rapport à ces informations ; cette demande s'exprimera en termes de sens, de cohérence, de vision.

> *La denrée précieuse aujoud'hui, c'est la mise en commun et la mise en forme d'une grande diversité d'expertises.*

Ceci nécessite de partager l'information en interne, de façon à ne pas être le dernier à apporter de la signification au client.

De plus en plus le client teste son fournisseur sur sa capacité à communiquer en interne. S'il réalise que les différents interlocuteurs avec lesquels il a échangé ne se sont pas communiqués les éléments du dossier, il y voit toujours un défaut d'organisation et potentiellement de qualité de service.

4 LE POINT DE PASSAGE DE LA CRÉATION DE VALEUR, C'EST LE COLLABORATEUR

AUJOURD'HUI, TOUT LE MONDE EST « CONNECTÉ ». On assiste à un renversement de la hiérarchie de l'information. Le manager, premier informé dans la structure traditionnelle d'entreprise, est quelquefois le dernier à l'être dans les nouvelles organisations ; symétriquement, **le collaborateur est de plus en plus souvent le premier à recueillir l'information.** L'amorce de ce renversement est antérieur à l'arrivée des technologies de l'information et de la communication ; Michel Crozier et Erhard Friedberg l'évoquaient déjà en 1977, dans *L'acteur et le système*[1]. Ce qui est nouveau, c'est l'accélération et la généralisation de ce processus. Le phénomène est très marqué dans le domaine commercial, par exemple. Mieux : on est passé d'un système de flux d'information essentiellement descendant à un système de flux à 360 ° : **l'information est montante, descendante et à circulation transversale, caractéristique de l'organisation en réseau.** Dans certains grands

© Éditions d'Organisation

---

1. *L'acteur et le système : les contraintes de l'action collective*, Éditions du Seuil, 1977.

groupes américains, des instructions sont même transmises directement de la maison mère vers le collaborateur de la filiale étrangère via e-mail, sans traduction en français et sans que la direction générale locale en soit au préalable informée. Rappelons une nouvelle fois que la détention de l'information était l'une des bases du pouvoir du manager. Les technologies de l'information et de la communication l'ont dépouillé de l'un de ses attributs les plus importants. **Dans l'entreprise moderne, pratiquement chaque sujet est devenu un nœud de passage de l'information.** De ce fait, personne n'a la possibilité d'en bloquer la circulation : si un nœud « coince », le flux passe par le nœud voisin. Le management basé sur la détention de l'information a vécu.

Le flux d'information affecte le manager en tant que collaborateur

Les problématiques et les comportements dysfonctionnels que nous avons explorés concernent les managers, mais pas seulement. Dans tous ces cas, c'est la peur qui est le moteur de ces comportements : peur d'être « out », d'être dépassé, d'être court-circuité, de devoir rendre des comptes, d'aller au fond des problèmes, de perdre sa légitimité ; en résumé, peur d'être remis en question dans sa position, son évaluation, son emploi. Il est clair que cette peur a eu le temps de se forger durant les années 1990 : tous les postes de coûts ont été visités et compressés les uns après les autres, toutes les positions ont été remises en cause et, dans le secteur privé, chacun a eu l'occasion de craindre pour son emploi. Dans ce contexte, chacun a appris à défendre son territoire. En conséquence, **c'est dans une posture de collaborateur devant rendre des comptes que l'on trouve le manager aux prises avec la nouvelle donne de l'information.**

Le directeur du développement international angoissé à l'idée de ne pas savoir répondre aux questions du directoire réagit en qualité de collaborateur. Les comportements compulsifs dans l'émission d'e-mails ne relèvent pas d'une posture managériale. L'activisme forcené dans l'utilisation du mobile non plus. Dans le monde économique d'aujourd'hui, tout le monde est amené, à un moment ou à un autre, à être un soutier de l'information. La seule différence entre certains managers privilégiés et les autres salariés de l'entreprise réside dans le fait de disposer d'un support secrétarial pour aider à traiter le flux ; cela ne change pas fondamentalement les données du problème posé par la pression de l'information, ça en atténue seulement l'acuité.

C'est pourquoi, il nous apparaît que la réflexion sur le devenir de la relation managériale dans une société de l'information doit être envisagée, une fois n'est pas coutume, du point de vue du collaborateur. Il serait peu efficace de se focaliser sur la formation des managers à la gestion de l'information alors qu'ils ne sont que des points de passage parmi d'autres. **Dans l'interaction que constitue l'échange d'information, la clef se trouve dans les mains du collaborateur, qui est ainsi l'acteur critique. En résumé, l'autonomie qu'a acquise le collaborateur sur le plan de l'information commande de se concentrer sur lui pour améliorer la relation managériale, du moins pour ce qui touche à la gestion des flux de données.** Ce faisant, on ne perd pas de vue le système d'ensemble de la relation collaborateur/manager. Ce n'est pas la fin du management, loin de là. Simplement, le manager n'est plus attendu sur le registre du contrôle de l'information.

Une nouvelle relation managériale à construire

Accepter le transfert de pouvoir qui se produit sous nos yeux n'est pas facile, même si ce renversement est en cours depuis des années. Cela revient à admettre que le lien hiérarchique traditionnel est largement déstructuré, que ses fondements, le commandement et le contrôle de l'information, sont en train d'exploser. Le travail de deuil est difficile ; il faut renoncer à un équilibre ancien pour en trouver un nouveau.

Face à ce renversement, deux attitudes sont possibles :

La première consiste à faire machine arrière. On observe dans certains groupes, et plus particulièrement dans les rapports entre les sièges et les filiales, un retour en force de la centralisation et même de l'autoritarisme. L'enjeu, c'est de récupérer le contrôle. Au-delà de ce souci, on peut identifier la peur de la désobéissance des troupes. Cela n'a pas que des désavantages : après tout, **plus de centralisation, c'est plus de clarté, moins de complexité et moins de tension. Ça tombe bien, car nombre de collaborateurs n'ont pas envie de « prendre le pouvoir » ; en effet, la logique d'exécution est émotionnellement confortable** : ils se sentent moins sollicités et n'ont qu'à obéir. Symétriquement, les hiérarchies sont rassurées quant à la préservation des attributs traditionnels de leur pouvoir. Ce type d'organisation correspond fort bien à nos représentations traditionnelles de l'information. L'efficacité à terme de ce revirement reste à démontrer dans le contexte économique actuel.

La seconde consiste à prendre acte de la prise de pouvoir du collaborateur dans la gestion des flux d'informations. Ceci nous semble plus cohérent avec l'évolution des systèmes. Cette prise en compte soulève néanmoins de nombreux problèmes :

- Dans les faits, l'autonomie n'est qu'instrumentale. Le collaborateur dispose d'un instrument de pouvoir et en use comme s'il était resté dans un système d'obéissance stricte (je me couvre, j'évacue le problème, etc.). **Comment le faire évoluer, accroître son autonomie en vue d'accroître son efficacité ?**

- Si l'on accroît l'autonomie du collaborateur, il ne peut plus être un simple exécutant. Par conséquent, il n'est plus dans la posture de stricte obéissance. **Quelle est la posture adéquate, entre obéissance et désobéissance ?**

- Le manager perd un élément important de sa boîte à outils : l'usage de l'information. Il lui reste le pouvoir de décision, de sanction et de contrôle. **La fonction managériale garde-t-elle un sens** et, si oui, comment peut-elle s'exprimer avec une boîte à outils ainsi restreinte ?

> *Quelle est la posture adéquate, entre obéissance et désobéissance ?*

On voit ainsi que la société de l'information abondante sollicite à plusieurs titres les organisations et les individus. Elle appelle :

- à travailler en réseau et à œuvrer hors du cadre hiérarchique et territorial ;
- à faire circuler l'information, non plus seulement en vue d'améliorer sa performance individuelle mais aussi pour apporter une contribution au développement du système ;
- à sortir de la logique de simple exécution de tâches pour se positionner plus souvent hors de son champ direct de responsabilités.

Ces trois registres nous semblent indissolublement liés : si je travaille en réseau, je rentre dans une logique collective de partage de l'information ; si je rentre dans une logique collective de partage, je ne peux plus raisonner en fonction de ma seule performance individuelle, mais je dois chercher à contribuer au développement du système ; si je veux contribuer au développement du système, cela implique de sortir de la simple exécution et, le cas échéant, de discuter les instructions.

Face à cela, nos représentations nous poussent à défendre un territoire, individuel ou tribal, à conserver une gestion « rétentive » de l'information et à rester dans la stricte obéissance.

Une nouvelle relation de travail, un nouveau rapport collaborateur/manager est à construire. Elle nécessite de revisiter les comportements pour les faire évoluer et de former les individus à la nouvelle donne. Posons la première pierre de l'édifice et apprenons à résister.

Les sollicitations de la société de l'information abondante

Enjeux traditionnels		*Nouveaux enjeux*
Territoire	➤	Réseau
Performance	➤	Performance et contribution
Obéissance	➤	Résistance = réflexion et questionnement

Construire une nouvelle relation :
• changer les comportements,
• développer les individus.

Contribution = confiance

Les comportements qui régissent la relation managériale sont décalés par rapport aux organisations qui sont mises en place. Comment chaque collaborateur peut s'y retrouver et qu'est-ce qui doit changer ?

5 | DE LA TERRITORIALITÉ À LA TRANSVERSALITÉ

POUR COMPRENDRE LES COMPORTEMENTS, il faut d'abord s'interroger sur les représentations qui sont en amont et qui les régissent.

Si l'on reprend la définition du grand dictionnaire de la psychologie de Larousse, la représentation est définie comme « entité de nature cognitive reflétant, dans le système mental d'un individu, une fraction de l'univers extérieur à ce système ».

En clair, les représentations que les salariés ont du management, c'est ce qu'ils pensent qu'il devrait être. Ces représentations se construisent progressivement au cours de l'expérience de tout individu pour devenir une vision du monde qu'ils ne remettent pas en question. Les strates des expériences vécues en constituent le limon sur lequel elles se développent. Elles modifient alors sa perception de la réalité car elles jouent comme un prisme sur les différentes informations : chacune d'entre elles est traitée à travers le prisme de ses représentations. Elles influencent nos comportements en déclenchant des émotions.

Une représentation de la critique

– *C'est inacceptable ! Je ne supporte pas que l'on me traite comme ça.*

– *Qu'est-ce qui s'est passé ?*

– *François m'a demandé devant toute l'équipe de refaire ma copie pour le plan stratégique, comme s'il voulait m'humilier.*

– *Ce n'était sûrement pas son intention, ce n'est pas son genre.*

– *C'est toujours ce qu'on dit après, en attendant moi j'ai perdu la face.*

En trois phrases nous comprenons que le protagoniste principal de ce court dialogue a comme représentation qu'une critique faite en présence d'un tiers est une humiliation, qu'un manager ne doit pas faire de critique de cette façon. On constate que cela a provoqué une forte émotion et on peut supposer que son comportement futur sera notamment guidé par le souhait d'éviter l'humiliation ressentie dans de telles situations.

> *Sans qu'elles viennent à notre conscience,*
> *les représentations guident nos comportements.*

Nos représentations ont plusieurs caractéristiques :

Premièrement, **nous ne remettons pas en cause nos représentations.** De fait, nous nous sommes appropriés cette vision du monde que nous nous sommes construites. Nous tenons pour acquises les convictions que nous nous sommes forgées à un moment donné. Sauf que l'environnement évolue. Dès lors, ce qui était vrai il y a dix ans ne l'est peut-être plus aujourd'hui. **À partir du moment où nous avons adopté une représentation, elle va influencer nos émotions et nos comportements à notre insu. Sans qu'elles viennent à notre cons-**

cience, les représentations guident nos comportements. C'est ainsi que l'on trouve chez des adultes des
représentations qui leur viennent de leur enfance et qui
continuent de régir leur relation aux autres sans qu'ils ne
se soient interrogés sur l'actualité de leur pertinence. Par
exemple : « Il faut être gentil avec les autres. »

Autre caractéristique, **nos représentations sont souvent
sur un modèle du tout ou rien.** « Il ne faut pas mentir »
est une représentation qui peut régir en partie nos relations aux autres. Sauf que cette représentation n'est peut-
être pas conforme à 100 % à ce qu'on pense réellement.
Si on y réfléchit bien, il peut être plus conforme à ses
convictions de mentir dans certaines circonstances. Pour
autant, comme notre représentation est qu'il ne faut pas
mentir, cela va provoquer de la culpabilité sans que l'on
réalise souvent pourquoi.

Enfin, **ces représentations nourrissent nos émotions.**
Si ma représentation est qu'il ne faut pas « trahir son
patron », lorsque mon n + 2 me demandera de lui parler
de mon patron, je me sentirai mal à l'aise, voire coupable.

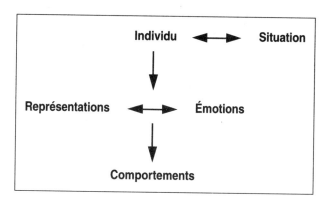

Sur quoi reposent les représentations de la relation managériale

Au cours des séminaires que nous avons animés, nous avons interrogé nos interlocuteurs sur leurs représentations de la relation managériale. Voici les grandes lignes de ce qu'il en est sorti :

Les représentations des collaborateurs

En tant que **collaborateur,** mes **devoirs** vis-à-vis de mon chef	En tant que **collaborateur,** mes **attentes** vis-à-vis de mon chef
C'est quelqu'un : • à qui je dois rendre des comptes, • à qui je dois faciliter la vie, • à qui je dois obéir, • à qui je dois être fidèle et loyal, • que je dois soutenir, • avec qui je dois me sentir solidaire, • auprès de qui je dois me faire bien voir.	C'est quelqu'un dont j'attends : • une évaluation de ma performance et une sanction positive et négative, • qu'il me donne les moyens de réaliser ma mission, • qu'il me défende en interne, • qu'il favorise ma promotion interne, • un support et de l'aide dans des difficultés que je pourrais renconter.

Les représentations des managers

En tant que **manager,** mes **devoirs** vis-à-vis de mes collaborateurs	En tant que **manager,** mes **attentes** vis-à-vis de mes collaborateurs
Je dois : • organiser leur travail, • contrôler et sanctionner, • les motiver, • promouvoir l'équipe et son travail, • leur donner les moyens d'atteindre leurs objectifs, • les former.	Ils doivent : • atteindre les objectifs que je leur donne, • résoudre les problèmes qui se posent, • me faire remonter les informations, • bien s'entendre entre eux, • favoriser l'esprit d'équipe et la réussite du service.

Ce qui frappe dans ces tableaux, c'est une assez grande cohérence entre le rôle du manager et celui du collaborateur.

En fait, on est sur une conception du management assez traditionnelle et parfaitement cohérente avec la définition initiale du cadre : un « patron » qui dirige une équipe ; celle-ci en retour lui devant une fidélité.

Nous allons voir que cette représentation du management porte en elle la logique de territoire, qu'elle soit géographique, de client, de savoir-faire, d'équipe, de fonctions, etc.

De la représentation managériale traditionnelle à la logique de territoire

La relation manager collaborateur est probablement celle qui a été le plus étudiée et qui focalise toutes les attentions dans l'entreprise. **Le collaborateur impliqué dans son travail a d'abord besoin de l'assentiment et des encouragements de son chef.** Tout le reste devient accessoire. **Réciproquement, un manager est de plus en plus évalué sur l'adhésion qu'il suscite sur sa personne. Or, ce schéma de fonctionnement qui facilite la cohésion d'équipe, et qui est admis par tous comme une évidence, conduit nécessairement à la logique de territoire.**

Le territoire, périmètre d'exclusivité, n'est pas nécessairement géographique. Ce peut être le domaine de compétence, un domaine de responsabilité, une fonction, une expertise ou un métier. Ainsi le directeur informatique d'un groupe international peut-il avoir un territoire parfaitement déterminé qui correspond au domaine qu'il contrôle. Il veillera jalousement sur ses frontières et ne laissera personne venir y faire des incursions.

L'évolution récente montre que les territoires sont plus techniques que géographiques.

Les baronnies comme les plus petites équipes

Certains grands groupes ont poussé assez loin le modèle du chef protecteur et de la fidélité des collaborateurs. Se sont alors mises en place de véritables baronnies, qui sont en quelque sorte des entreprises dans l'entreprise.

Le manager est un porte-drapeau qui montre qu'il remplit bien son rôle dans la mesure où il « défend » mieux son service que les autres. La solidarité d'équipe se renforce au sein d'un service en comparaison avec les autres. Cette logique de territoire est intégrée et reproduite à tous les niveaux de l'entreprise. L'une des premières choses que les managers organisent est la circulation de l'information et son usage : ce qui est partagé et avec qui, comment on remonte les informations au chef, ce qui doit se dire à la direction générale et ce qui ne se dit pas. Toutes ces règles sont intégrées par chacun des collaborateurs comme autant d'interdits potentiels. Elles sont le plus souvent non écrites, mais rapidement transmises aux nouveaux membres.

Défendre un territoire consomme beaucoup d'énergie.

Le fonctionnement qui repose sur le territoire est très consommateur d'énergie relationnelle. Le manager doit en permanence entretenir une dynamique relationnelle qui nourrit la différentiation spécifique du territoire. Ce fonctionnement repose sur une relation de force avec les autres territoires. **Au mieux c'est une collaboration qui veille au respect des frontières, au pire, c'est une guerre ouverte.**

Qui défend son territoire ?

— *Adrien, tu peux me donner les coordonnées de ton client au Canada, car je voudrais lui proposer notre nouveau service ?*

— *C'est pas la peine de l'appeler, je lui en ai dit un mot, ça ne l'intéresse pas.*

— *Comment as-tu pu lui présenter un produit que tu ne connais pas ?*

— *J'étais présent à la réunion de présentation et je le lui ai décrit dans les grandes lignes.*

— *Enfin, c'est ridicule, ce n'est pas un produit qu'on peut présenter comme ça en dix minutes.*

— *Non mais il a très vite compris le principe et ils ont déjà l'équivalent...*

Qui des deux protège son territoire ? Les deux. L'un celui de son client, l'autre celui de son produit. L'échange peut continuer ainsi longtemps. Il ne sert qu'à neutraliser l'autre en sauvant les apparences et donnera aux interlocuteurs la conviction d'échanger avec quelqu'un de mauvaise foi.

L'équipe protège.

L'équipe est un cadre protecteur qui aide à se protéger de l'extérieur. Cette logique de territoire va de pair avec la logique de l'honneur étudiée et définie par Philippe d'Iribarne. Dans un groupe, les filiales se défendent contre le siège. S'il est international, les « pays » résistent contre la holding. Dans certaines filiales de groupes où nous avons travaillé, nous avons vu les équipes de direction œuvrer collectivement sur le thème : comment se faire imposer la contribution la moins importante possible aux résultats ? Le dirigeant se trouve dans la position ambiguë de représenter le groupe dans la filiale qu'il dirige et de défendre sa filiale contre les diktats du groupe.

Tous ceux qui ont vécu une fusion ou une réorganisation savent que la première réaction des managers devant une nouvelle organisation est d'évaluer leur territoire par rapport à celui des autres et à celui qu'ils avaient précédemment. Malheureusement, c'est aussi l'un des principaux freins au changement.

La réduction des coûts amplifie la logique de territoire

L'organisation en territoire est adaptée et a très bien fonctionné dans un contexte où l'exigence principale reposait sur les gains de productivité. En tant que manager, il est plus facile et plus efficace de demander des efforts à une équipe quand on a développé une proximité avec elle et qu'on montre qu'on se bat pour elle.

C'est bien connu, les périodes de restrictions ne favorisent pas la solidarité. Souvent dans les grands groupes, la logique de l'intérêt de l'actionnaire poussée à l'extrême est très mal comprise par les services ou les filiales qui se défendent avec leurs armes. On tente au mieux de moins subir les coupes, de se préserver une certaine marge de manœuvre. On observe les autres pour vérifier qu'ils sont bien soumis aux mêmes restrictions que nous. On cherche à se protéger du pouvoir de celui qui tranche en mettant en avant des spécificités. Bref, la tendance est plus au repli sur soi, à la dissimulation et à la rivalité qu'à l'ouverture et au partage.

De la logique de territoire tribal à la logique de territoire individuel

Si on décline cette logique de niveau en niveau, on arrive sur l'individu lui-même. Celui-ci a tendance à reproduire pour lui-même ce qu'il constate à tous les niveaux de la chaîne et se constitue son petit territoire qu'il protège à sa manière. L'exemple le plus frappant dans les organisations anciennes est le poste de travail et toute la symbolique que le sujet lui donne. On rencontre encore des organisations où le nombre de fenêtres d'un bureau est interprété par tout le monde comme le symbole de l'importance de celui qui l'occupe. Ce n'est pas un hasard si les nouvelles organisations l'ont, pour ainsi dire, supprimé au profit d'espaces interchangeables que chacun utilise en fonction de ses besoins.

Même au sein de son équipe dans laquelle il partage une certaine solidarité, l'individu doit marquer son territoire. Dans sa représentation du jeu relationnel, c'est comme cela qu'il pourra se faire respecter. De même que l'équipe commerciale sera très vigilante à ne pas laisser le marketing empiéter ses plates-bandes, de même l'informaticien se sentira agressé si le comptable vient le questionner sur la pertinence de ses choix techniques. Le responsable des ventes se méfiera de celui de la distribution, de peur de se retrouver dépouillé de ses domaines de responsabilité. Dès lors, une bonne partie de l'énergie sera consacrée à faire respecter son territoire par les autres.

Rappelons que ce fonctionnement n'est pas réfléchi ou décidé. Il est la déclinaison personnelle d'une logique qui découle de la représentation de la relation managériale partagée par le plus grand nombre.

On en voit bien les limites. C'est notamment pour les surmonter que se sont mises en place les organisations matricielles : casser la logique de territoire pour faire circuler l'information.

L'organisation matricielle pour passer du territoire au réseau

Nous ne sommes pas des spécialistes de l'organisation ; loin de nous l'intention de faire l'apologie d'un modèle organisationnel quel qu'il soit. Simplement, nous constatons qu'un peu partout dans les grands groupes, se met en place une organisation que l'on appelle matricielle. Elle est souvent très critiquée par ceux qui la vivent, précisément en raison de la difficulté de changer de modèle organisationnel en gardant les mêmes représentations et les mêmes attitudes. Ce qui nous intéresse dans l'organisation matricielle, c'est qu'elle vise à permettre la circulation de l'information pour in fine développer l'activité. Si une nouvelle mode organisationnelle devait apparaître dans les prochaines années, nous estimons qu'elle ne pourrait remettre en cause la nécessité de favoriser l'échange d'information.

L'organisation matricielle s'oppose point par point à la conception du management que nous avons décrite plus haut et qui est faite pour la logique de « territoire ». C'est-à-dire des collaborateurs tournés vers un manager qui, en échange, protège ses collaborateurs. **Dans la matrice, il faut s'adapter à une pluralité de chefs à qui rapporter, à un croisement permanent entre le fonctionnel et l'opérationnel, à un système qui requiert la diffusion de l'information**, où l'international remplace souvent le national, etc.

Au niveau des filiales dans chaque pays, les organisations matricielles visent, notamment, à en supprimer la structuration en tant qu'entité propre. Il ne reste plus qu'une coquille administrative et chaque service rapporte à un niveau régional (à l'échelle planétaire, c'est-à-dire européen en ce qui nous concerne). Ce n'est évidemment jamais le but affiché qui est toujours celui de la meilleure efficacité au moindre coût. Reste que c'est un des effets attendus.

De même, on se montre plus méfiant vis-à-vis de secteurs qui détiennent une compétence technique indispensable pour l'entreprise. Il est arrivé trop souvent qu'ils imposent leurs solutions en s'abritant derrière le technique, ce qui n'est jamais souhaitable pour la stratégie de l'entreprise. Cependant, **les organisations matricielles cassent plus facilement les territoires géographiques que les territoires techniques. Comme s'il était plus difficile de s'y aventurer.**

Comment l'organisation matricielle est vécue par le manager

Les managers réagissent presque toujours aux organisations matricielles en posant des questions de pouvoir. Qui décide ? Comment faire comprendre à mon supérieur hiérarchique fonctionnel que ce qu'il me demande n'est pas possible ?

Cela montre à quel point les managers conçoivent d'abord et avant tout leur rôle comme celui de décideur, considérant, pour être plus exact, que leur action est limitée à leur capacité à imposer. Derrière le pouvoir, se cache la question de savoir s'ils peuvent imposer leur vision des choses aux autres : Si on ne leur donne pas cette possibilité, ils se sentent démunis ou, plus exactement, bridés.

Cette vision du pouvoir est très liée au principe du territoire : dans un champ délimité, on laisse la responsabilité à un manager et on lui donne le plus possible de marge d'action pour agir à sa guise. À lui de mettre en place l'organisation adéquate, à lui de trouver les bonnes solutions aux problèmes qui se posent, à lui d'obtenir les résultats. Ce système survalorise considérablement le rôle du manager par rapport au reste de l'équipe.

Une organisation matricielle rééquilibre le rôle de chacun des collaborateurs par rapport à celui du manager. Celui-ci délègue une grande partie de son « pouvoir » au profit de ses collaborateurs. Il se trouve la plupart du temps dans une position d'influence ; il négocie avec les uns et les autres sans imposer.

> *Le manager doit influencer plutôt qu'imposer.*

Le pouvoir du manager dans une organisation matricielle est avant tout un pouvoir d'influence. Ceux qui ne savent qu'imposer en sont tout déconcertés.

Comment l'organisation matricielle est vécue par le collaborateur

Le découragement de François

— *C'est une pagaille pas possible !*

François, que nous rencontrons lors de l'une de nos missions, paraît authentiquement désappointé. Le groupe américain auquel il appartient a modifié l'organisation de l'ensemble de la zone Europe.

— *Tout le monde me demande des choses ; c'est évidemment hyper urgent et je suis incapable de répondre à tous. Le résultat, c'est que mes interlocuteurs font monter la pression et, comme je ne sais pas par qui je vais être évalué, je bosse tout le temps... Je ne prends plus de vacances car, quand je reviens, j'en ai pour deux jours rien qu'à écluser mes mails. Avec tout ça, je ne sais même pas à quoi sert ce que je fais dans 90 % des cas. J'ai renoncé à essayer de motiver mes collaborateurs car je ne sais plus quoi leur dire : on est tous en train de devenir fous.*

Comment rendre des comptes, faciliter la vie, etc. à plusieurs chefs qui ont souvent des intérêts divergents ? **Les collaborateurs qui sont confrontés à ce type d'organisation sont généralement perdus.** Surcharge de travail, diversité des interlocuteurs, rupture de la chaîne hiérarchique avec des contacts de tous à tous les niveaux, multitude d'informations par différents canaux : on comprend que le choc soit violent. Les principales difficultés sont les suivantes :

- **Hiérarchisation des tâches.** Comment s'y retrouver lorsque tous mes interlocuteurs me disent que tout est important et, bien sûr, urgent ?
- **Relationnel.** Comment dire non sans se fâcher ?
- **Gestion de l'information.** Que faut-il que je continue de lire ou d'écouter, comment savoir qu'une information est importante ?
- **Usage de sa marge de manœuvre.** Le système en réseau m'autorise beaucoup plus de liberté, mais qu'en faire ?
- **Évaluation de la performance.** Qui va me juger et sur quels critères, dans la mesure où personne n'a de vision globale de mon travail ?
- **Répartition des rôles.** Qui fait quoi, qui a autorité pour décider quoi ?
- **Vision d'ensemble.** À quoi sert ce que je fais, comment trouver du sens dans la complexité et le réseau ?

Le problème vient d'un décalage entre, d'une part, des représentations et des comportements qui sont restés adaptés au mode de fonctionnement antérieur et, d'autre part, l'évolution de l'organisation.

Véronique et l'organisation matricielle

Véronique est « program manager » au sein d'un groupe spécialisé dans les solutions bureautiques. Elle est efficace, sa hiérarchie l'apprécie et songe à lui confier d'importantes responsabilités. En outre, elle s'est adaptée sans trop d'états d'âme apparents à l'organisation matricielle. Avec le sourire et un brin d'ironie, elle nous confie néanmoins :

« Le matriciel, c'est l'eau et le feu, le chaud et le froid, le plus et le moins, une chose et son contraire ; finalement, c'est Charybde et Scylla (rires). Il faut bien s'y faire, puisque c'est mis en place, et je prends ça comme ça vient. Ça ne me pose pas de problème personnellement, mais mes équipes et la plupart de mes collègues pètent les plombs. Les gens ne sont pas préparés, pas formés. Quel bordel ! On verra bien combien de temps ça durera. Peut-être qu'ils en reviendront. »

On ne change pas les comportements sans changer auparavant les représentations

Passer du territoire au réseau, d'un mode de management traditionnel (rétention et négociation de l'information) à un mode de management nouveau (partage de l'information) ne peut pas se faire sans qu'auparavant un travail en profondeur ait permis de modifier les représentations. **À chaque fois qu'un collaborateur va devoir agir dans le nouveau système, cela sera en contradiction avec ses représentations et provoquera en lui des émotions qu'il aura beaucoup de mal à gérer.**

En fait, c'est toute la relation managériale qui en est modifiée sans que la représentation que l'on a du management ne l'ait été au préalable. Ce décalage est parfois tellement déstabilisant que la nouvelle organisation s'avère inopérante. Elle est mise en échec par les collaborateurs et on revient à un système plus traditionnel.

Outre les points de repères beaucoup plus difficiles à trouver dans une organisation en réseau, c'est la question de la confiance qui se pose. En effet, dans une organisation traditionnelle, la confiance se résume à un ou quelques hommes ou femmes avec lesquels on est en contact fréquent. J'ai ou je n'ai pas confiance dans mon chef, mais je sais sur quels critères je peux faire reposer ma confiance. Dans la matrice, je ne sais plus ; tout est interactif et changeant. Ce qui est dit par l'un est remis en cause par l'autre. Ce qui était vrai hier ne l'est plus aujourd'hui. Dès lors, la tentation est grande de revenir à des systèmes plus simples dans lesquels ma relation au chef sera déterminante.

> *Changer une représentation, c'est la confronter et l'adapter à la réalité.*

Mais pour changer les représentations, il faut aussi modifier des pratiques managériales qui encouragent les comportements attachés à la logique de territoire. Il est évident qu'on ne change pas les représentations sur le mode de la méthode Coué, c'est-à-dire par répétition jusqu'à la sédition. **Changer une représentation, c'est la confronter à la réalité et l'adapter à la réalité. Encore faut-il que le système lui-même ne soit pas porteur d'incohérences majeures.**

Or, il existe deux incohérences qui sont à la fois organisationnelles, relationnelles et psychologiques. Elles concernent, d'une part, la question de l'évaluation des collaborateurs et, d'autre part, l'attitude d'obéissance vis-à-vis de la hiérarchie (l'exigence d'obéissance par rapport à la hiérarchie). Nous y consacrons respectivement les deux chapitres suivants.

ÉVALUATION : PASSER DE LA PERFORMANCE À LA CONTRIBUTION

A PRIORI, ON NE VOIT PAS EN QUOI performance et contribution peuvent s'opposer, au moins partiellement. Commençons donc par définir ce qu'est la contribution.

La contribution concerne l'ensemble des actions qui participent à la réussite de l'entreprise, à travers et au-delà de la mission de base de l'intéressé.

En quoi est-elle différente de la mission de chaque collaborateur ?

- Elle est plus globale que la mission.
- Elle englobe les objectifs, mais va au-delà.
- Elle ne peut pas être évaluée par une seule personne.

La contribution est ce qu'on peut attendre de chaque collaborateur, quel que soit son niveau hiérarchique, et qui s'ajoute à sa mission. C'est-à-dire qu'au-delà de ses objectifs propres, chaque collaborateur est capable de plus ou moins contribuer à la réussite de l'entreprise. Or, cette contribution peut dépasser ou être en deçà de la performance liée à l'atteinte des objectifs eux-mêmes.

Le problème principal dans l'évaluation de la contribution, c'est qu'elle n'est jamais définie comme telle par l'entreprise. **Comment évaluer quelque chose qui n'a pas été défini ?** De plus, ce qu'on peut attendre de la contribution des collaborateurs varie en fonction de l'entreprise et du contexte particulier dans lequel elle se trouve.

Les collaborateurs d'une entreprise dans un contexte difficile

Nous avons fait une mission dans une entreprise qui était en phase de fusion après une OPE. Comme souvent, les équipes de l'entité qui avait été rachetée se sentaient en position d'infériorité ; ses collaborateurs avaient l'impression d'être dépréciés, pas écoutés. La conséquence de cette situation a été plusieurs vagues de départ. Les effets en étaient encore amplifiés par la difficulté à recruter. Les éventuels candidats se méfiaient du contexte de fusion et certains étaient mêmes inquiétés par un bouche à oreille colportant des bruits assez négatifs sur le management. Malgré la taille de l'entreprise, ces départs commençaient à en altérer les performances et, dans certains secteurs, la compétence venait à manquer.

Dans ce contexte, on pouvait rencontrer des collaborateurs eux-mêmes inquiets qui, en interne et en externe, alimentaient de façon directe (en colportant des rumeurs) ou indirecte (en exprimant à tout va leur scepticisme sur l'avenir) le sentiment général d'inquiétude et de découragement. À l'inverse, d'autres canalisaient l'expression de leur inquiétude sans pour autant la réprimer, se disaient conscients des difficultés et, sans les minimiser, cherchaient des solutions et continuaient à promouvoir leur entreprise en interne comme en externe, allant même jusqu'à susciter des recrutements.

On voit bien qu'il s'agit là d'une attitude générale qui n'a rien à voir avec l'atteinte des résultats. Les collaborateurs « négatifs » pouvaient par ailleurs bien remplir leur mission et, à l'inverse, les « positifs » pouvaient ne pas l'atteindre. Et pourtant, il peut arriver que, dans un tel contexte, contribuer à rétablir l'image interne et externe de l'entreprise puisse être plus important sur une période courte que d'atteindre les résultats.

Il est évident que la contribution ne sera plus la même trois ans plus tard, lorsque l'entreprise se sera forgée une nouvelle identité, qu'elle aura des équipes bien établies et que le désordre lié à la fusion aura fait place à une organisation cohérente dans laquelle chacun aura trouvé sa place.

Cela signifie que **la contribution doit être redéfinie chaque année en fonction du contexte de l'entreprise.**

Quel objectif de contribution pour qui ?

Dans la situation précédente, il est clair qu'avoir une attitude plutôt positive vis-à-vis de la nouvelle société, que faire preuve d'une certaine indulgence face aux désordres liés à la mise en place d'une nouvelle organisation et veiller à tenir un discours avec l'extérieur qui ne focalise pas sur les dysfonctionnements, cela concerne tout le monde. L'entreprise vit une situation très particulière et l'attente de contribution de la part des collaborateurs est dominée par un problème précis et conjoncturel. Notons que la contribution telle que nous la formulons ne signifie pas pour autant que l'on demande à tous de penser la même chose. Chacun, c'est bien normal, peut avoir des doutes et des inquiétudes, voire être critique sur le processus de fusion et les décisions qui sont prises. Pour autant, l'expression de ces critiques ou de ces doutes peut prendre des formes très variées qui influent de façon importante sur la contribution.

Pour notre cabinet de consultants, qui était embryonnaire au moment où nous avons réfléchi à la question de la contribution, nous avions, la première année, défini les critères de contribution de la façon suivante :

- se montrer le plus souple et le plus polyvalent possible face à la diversité des contrats ;
- adopter une attitude de soutien mutuel entre les membres de l'équipe, c'est-à-dire se montrer disponible pour échanger, lorsque des problèmes ou des questions se posent ;
- se montrer concerné par la promotion de l'entreprise :
  - contacts personnels pouvant favoriser une approche commerciale,
  - participation à tout ce qui peut mettre en valeur l'entreprise à l'extérieur…
- attirer de nouveaux collaborateurs dans la structure ;
- favoriser leur intégration :
  - leur transmettre toutes les informations dont ils pourraient avoir besoin,
  - les mettre le plus souvent possible au contact avec le client,
  - leur consacrer du temps « informel » (déjeuner, moments d'échanges…).

On peut voir que ce qu'on cherche à mettre en évidence à travers la contribution, c'est l'implication du collaborateur sans que celle-ci ne se limite à sa mission propre. C'est-à-dire que c'est une implication qui concerne l'ensemble de la réussite de l'entreprise. De ce point de vue, la contribution contrebalance le coté individuel ou limité à une équipe que l'on trouve dans la performance.

La contribution mesure comment le collaborateur s'approprie la réussite de l'entreprise. C'est un sujet qui favorise les malentendus. Nous avons souvent rencontré des collaborateurs qui pensaient sincèrement contribuer, ce qui n'était pas l'avis de leur manager, loin s'en faut. Au moment de l'entretien annuel (lorsque les choses se disent, ce qui n'est pas toujours le cas), le malentendu émerge. Le collaborateur a alors l'impression d'être incompris et que ses efforts ne sont pas appréciés à leur juste mesure. Le manager trouve que le collaborateur ne veut pas comprendre ce qu'il lui demande. On parle d'implication, mais chacun met ce qu'il veut (ce qui l'arrange) derrière le mot et on crée du malentendu entre manager et managé, donc de la démotivation.

Mercenaires et contributeurs

L'attitude mercenaire de Florence

Florence est avocate et travaille dans un grand cabinet. Jeune mère d'un petit garçon, elle attache beaucoup d'importance à l'éducation de son fils et a obtenu, lors de son recrutement, non seulement de travailler à mi-temps mais aussi d'avoir une grande souplesse sur ses horaires. Le deal était clair avec son patron lorsqu'elle a été embauchée. Je serai toujours aux audiences et mes dossiers seront parfaitement traités, mais qu'on ne me demande pas d'être au cabinet pour « faire mes horaires ».

Au bout d'un an de ce mode de fonctionnement, son patron me dit :

— Je suis mitigé sur le bilan de la première année. Elle a parfaitement fait ses dossiers mais j'ai l'impression qu'elle n'est jamais au bureau, sauf quand elle a un rendez-vous. Et puis, surtout, comment dire, j'ai l'impression qu'elle vient chercher un boulot, qu'encore une fois elle fait bien, mais c'est tout. Le cabinet, elle ne s'y intéresse que par rapport à elle. Jamais elle ne nous met sur un coup, alors qu'à l'évidence c'est une fille qui a des relations. Elle reste cantonnée dans son domaine qui est strictement le droit social et c'est tout.

— *Mais si elle bosse bien, pourquoi ça te pose des problèmes ?*

— *Justement, je ne sais pas très bien, c'est pourquoi je t'en parle. En fait, c'est en comparaison avec un de ses collègues qui est arrivé en même temps qu'elle. Lui, c'était tout le contraire, toujours prêt à donner un coup de main, même sur ce qui ne lui rapportait pas directement, toujours plein d'idées pour améliorer le cabinet et puis... toujours là.*

— *En somme tu es gêné par le contrat initial que tu as passé avec elle ?*

— *Non, parce qu'avec son collègue c'était pareil, il fait ce qu'il veut du moment qu'il fait. En fait, ce qui me gêne, c'est qu'elle se comporte comme une mercenaire et que, demain, je pense qu'elle pourrait parfaitement travailler de la même façon avec mes concurrents.*

Le mot est lâché : mercenaire. C'est ainsi qu'on peut désigner dans l'entreprise ceux qui ne s'y attachent pas affectivement. Ils sont méfiants vis-à-vis des sollicitations de l'entreprise, qui peuvent être directes (comme les chartes, de culture anglo-saxonne) ou indirectes (tous les signes qui montrent un attachement à l'entreprise). Adeptes du donnant, donnant, jaloux de leur indépendance, impliqués dans d'autres domaines de leur vie, ils n'ont ni l'envie ni souvent la disponibilité affective pour passer de la performance à la contribution.

On voit les mercenaires de façon négative dans la plupart des entreprises. Comme s'il n'y avait qu'un seul modèle et comme s'il était souhaitable et possible que tout le monde soit contributif au-delà de sa mission propre. Ce qui n'est pas le cas.

En fait, nous avons pu montrer dans deux ouvrages précédents[1] combien l'excès d'attachement affectif est piégeant pour

---

1. Éric Albert et Jean-Luc Émery, *Le Manager et un psy*, Éditions d'Organisation, 1998 et *Au lieu de motiver, mettez-vous donc à coacher*, Éditions d'Organisation, 1999.

l'individu, mais aussi pour l'entreprise, dans la mesure où il peut être de nature à freiner l'adaptabilité au changement. En effet, cet attachement affectif se fait souvent aux dépens des autres champs de vie de l'individu, qui est ainsi moins disponible pour sa vie personnelle ou amicale. En outre, le rapport affectif que le collaborateur entretient avec son activité crée un attachement qui rend les changements plus difficiles à accepter. Tout simplement parce que, pour changer, il faut renoncer et qu'on a toujours du mal à renoncer à ce qu'on aime.

Or, il est incontestable que la logique économique ne repose pas sur des principes affectifs. Celui qui aime son entreprise ne recevra pas d'amour en retour. C'est ainsi que certains ont eu le sentiment d'avoir été manipulés : « J'ai tout sacrifié pour mon travail et, au moment où l'entreprise a des difficultés, elle nous jette comme des vieilles chaussettes. » Cette désillusion a été partagée par beaucoup qui ont ensuite juré de ne pas s'y faire reprendre. Un peu comme après un chagrin d'amour on se défend de s'engager à nouveau dans une relation, ceux-là pourraient devenir des mercenaires. Pour d'autres, c'est simplement le constat de la vie menée par des personnes de leur entourage qui les conduit à cette prise de distance.

On a beaucoup parlé d'un effet génération chez les 20-30 ans qui déclaraient ne pas vouloir reproduire la vie professionnelle de leurs parents jugée trop prenante. En fait, lorsqu'on les voit s'engager dans la nouvelle économie à travers les start-up qu'ils créent, il apparaît clairement que ce n'est pas l'engagement professionnel qu'ils refusaient. En l'occurrence, il s'agissait d'un engagement dans une grande entreprise, avec le mode de management qu'elle induit, les lourdeurs supposées d'un système et l'absence de liberté qui y est attaché.

Le mercenaire pourrait se définir comme quelqu'un qui se contente stricto sensu de remplir son contrat. Il est indif-

férent à l'entreprise dans laquelle il travaille, ce qui est indépendant de sa conscience professionnelle et de ses compétences. Il offre souvent l'avantage d'une assez grande adaptabilité. Le changement qui suppose un renoncement ne lui coûte pas ou peu puisqu'il a peu d'attachement. Mais n'entre pas dans sa mentalité la préoccupation de l'entreprise.

Dans le fond, le choix de ne pas être contributeur concerne chaque individu, mais aussi chaque entreprise. Pour certaines fonctions, les entreprises préfèrent avoir des mercenaires. Elles font d'ailleurs systématiquement appel au travail temporaire qui symbolise le mieux le travail mercenaire. Mais encore faut-il qu'elles soient claires et qu'elles formalisent les enjeux auprès des collaborateurs.

En fait, cette question est souvent en filigrane dans celle de la motivation. Ce terme, qui a sa place dans tous les discours de l'entreprise, est en fait flou. Chacun y met ce qu'il veut, ce qui est la meilleure manière de susciter des malentendus. De plus, on ne sait pas la mesurer : dès que la motivation apparaît comme un facteur d'évaluation, cela donne l'impression aux collaborateurs que le manager utilise des critères arbitraires.

Le management par la performance va à l'encontre de la contribution

Pour contribuer, il faut avant tout être préoccupé par le devenir et l'intérêt de l'entreprise. **La focalisation sur la performance a favorisé l'émergence de mercenaires, sans illusions voire même souvent assez cyniques, qui ont compris comment obtenir le maximum du système.** Seul, le court terme compte ; seul ce qui est visible est fait. Rendre un service à un collègue en difficulté, c'est retarder d'autant la réalisation de ses propres tâches. Dans cet arbitrage permanent, leur choix est fait. Leur état d'esprit est uniquement tourné vers ce que leur rapporte directement chacune de leurs actions. Ils ont vite appris à se valoriser auprès de ceux qui décident (des bonus et des avancements). D'une certaine façon, ils répondent de manière relativement adéquate à un mode de management et d'évaluation. Ils appliquent la règle du jeu. Ils n'ont aucun intérêt à modifier leur comportement et leur attitude. Il leur faut juste être attentifs à leur image qui pourrait se dégrader rapidement s'ils agissaient de la sorte trop ostensiblement.

Chacun, en lisant ces lignes, peut se dire qu'il s'agit de cas extrêmes et que, dans son entreprise, heureusement seule une faible proportion de collaborateurs répondent à ce modèle. **En fait, le management par la performance pousse tous les collaborateurs à atteindre stricto sensu leurs objectifs, sans intégrer l'intérêt global de l'entreprise.**

Il est probable que l'arrivée des 35 heures a encore amplifié cette tendance. En effet, le temps devenant plus rare, il est plus difficile d'accepter de l'utiliser à une activité « gratuite ». Il faut le rentabiliser au maximum. En somme, cette réforme, ayant pour vocation d'améliorer les conditions de vie des salariés, peut les mettre encore un peu plus sous tension, au moins tant qu'ils sont au travail, et pousser à la performance individuelle ou tribale aux dépens de la contribution.

L'évaluation appliquée dans la plupart des entreprises repose en effet sur deux principes :

- C'est le manager direct d'un collaborateur qui l'évalue, donc tout ce qu'il fait doit être connu de lui et valorisé auprès de lui.
- Chaque collaborateur est évalué sur des objectifs personnels qui, s'ils ont été bien fixés, ont des critères d'atteinte quantitatifs et qualitatifs.

En tant que collaborateur, mon niveau de rémunération, mon avenir dans l'entreprise et, en grande partie, mon image dépendent d'une personne qui m'a fixé une mission. Mon intérêt est de remplir cette mission, uniquement cette mission, et de me faire bien voir auprès de mon chef.

Je n'ai pas intérêt à aider mes collègues.

D'une certaine manière, si j'apprends que mes collègues sont en difficulté sur une question où, en tout état de cause, je pourrais les aider, je n'ai pas intérêt à le faire pour deux raisons : la première est que cela pourrait me prendre du temps et donc réduire d'autant celui que je consacre à ma propre mission ; la seconde est que la **contre-performance de mes collègues me sert** indirectement car elle valorise ma propre performance. Il est toujours préférable que je fasse mieux que les autres plutôt qu'aussi bien qu'eux. En vertu du fait que toute performance est relative, j'ai objectivement intérêt à ce que celle des autres ne soit pas bonne. En l'occurrence, les autres sont mes collègues les plus proches.

Heureusement, les choses ne se passent pas ainsi la plupart du temps. Des liens entre collègues se créent avec les solidarités qui en découlent. Chacun n'est pas en permanence centré sur son propre intérêt ; le travail en équipe et la qualité relationnelle passent souvent avant. Reste que la logique du système qui est en place dans la plupart des entreprises pousse à ce type de comportements.

La performance se mesure par définition à un niveau individuel, la contribution repose par définition sur l'intérêt collectif ; la contradiction est claire. En somme, plus on pousse la performance individuelle, moins on favorise la contribution.

Pour parer à ce problème, certaines entreprises font reposer une partie de la part variable de la rémunération sur le succès de l'équipe. Ce qui ne fait que déplacer la logique d'un cran : il faut que l'équipe à laquelle j'appartiens réussisse, mais peu m'importe le reste de l'entreprise. Or, ce n'est pas d'un cran qu'il faut déplacer les choses, mais de plusieurs, pour atteindre le dernier niveau, celui de l'entreprise.

> *Plus on pousse la performance individuelle, moins on favorise la contribution.*

Le changement n'est pas que quantitatif. Contrairement aux apparences, il est aussi qualitatif. Un changement quantitatif consisterait à reproduire, à l'échelle de l'entreprise, le mode de fonctionnement individuel ou tribal. L'entreprise serait donc le territoire, le domaine de propriété exclusive de ses salariés. Ce ne serait pas tenable, car l'entreprise est un périmètre mouvant, au gré des cessions, fusions, acquisitions, mouvements d'externalisation, etc. Et c'est d'ailleurs ce qui rend certaines fusions si difficiles. En fait, l'entreprise vit en interaction informationnelle avec son environnement : clients, fournisseurs, actionnaires, institutions et pouvoirs publics, et même concurrents. La déterritorialisation et la contribution appellent un style comportemental adapté aux évolutions de périmètres d'entreprise.

La contribution : une affaire de mentalité et de comportement

On pourrait définir le contributeur comme quelqu'un qui agit dans l'intérêt de l'entreprise au-delà de sa propre mission. Cela peut passer par des détails très simples, comme la lumière que l'on éteint en partant, mais le fond réside dans la création de valeur. **Dès que je peux aider à créer de la valeur dans**

l'entreprise, je contribue. Être dans une mentalité de contributeur est fondamental, car c'est la seule solution pour avoir des idées. Les idées ne peuvent venir que sur les sujets auxquels je porte de l'intérêt. C'est comme cela que, souvent, en entrant dans une grande entreprise ou dans un service public, on constate des dysfonctionnements auxquels personne ne prête attention. En fait, personne ne cherche à les corriger car cela n'entre dans les préoccupations directes de personne. **« Ça ne me concerne pas, ce n'est pas mon boulot… »** sont les phrases qui reviennent souvent dans ces cas-là. Comprenons-nous bien : il ne s'agit pas de dire que tout le monde doit tout faire. Mais que tout ce qui concerne l'entreprise doit être un sujet d'intérêt et de préoccupation pour les collaborateurs. Il suffit parfois de poser des questions pour que les choses avancent.

Plus l'entreprise est grande, plus la question du sens est omniprésente.

Plus l'entreprise est petite, plus son intérêt est simple et clair. Savoir quel est l'intérêt de la boulangerie dans laquelle on travaille est simple. En revanche, en tant que livreur, savoir comment je peux au mieux servir l'intérêt de mon entreprise multinationale, dont je ne sais même pas où se trouve le siège et dont je ne connais qu'une petite part des activités, est difficile à déterminer. C'est l'un des paradoxes des grands groupes qui voudraient avoir des contributeurs mais qui ne prennent pas le temps d'expliquer à leurs collaborateurs dans quel système global ils travaillent et vers quoi ils vont. Encore faut-il que les dirigeants eux-mêmes le sachent…

De même, **plus on est en haut de l'échelle et généraliste, plus il est facile d'être contributif. Plus on est à un poste technique et spécialisé, plus c'est difficile.**

© Éditions d'Organisation

Contribution et motivation

Valérie, la superwoman supermotivée

Valérie est une battante. À 42 ans, elle est directrice marketing et des ventes de plusieurs gammes de produits dans une entreprise de cosmétiques. Sportive, dynamique, toujours souriante, elle ressemble aux portraits de l'executive woman présentés dans les magazines féminins.

C'est l'impression qu'elle nous donne au début de notre mission de « team building » du comité exécutif. Petit à petit, nous apprenons à mieux la connaître. Au cours des réunions auxquelles nous assistons, elle ne passe pas inaperçue. Toujours le verbe haut, elle défend farouchement ses positions jusqu'à ce qu'elle ait gain de cause. Très vite, nous nous apercevons que ses collègues du comité exécutif en sont arrivés à la craindre. Même le président, qui pourtant sait se faire respecter, semble hésiter à croiser le fer contre elle en réunion, voire même à la contredire. « Elle est chiante, mais quelle efficacité ! » nous confiera-t-il au cours de l'un de nos entretiens. Toujours arrivée la première et repartie la dernière, elle est au courant de tout, elle exige de ses collaborateurs des reporting quotidiens au cours desquels elle donne ses instructions. Même en vacances, elle garde toujours un contact quotidien avec le travail.

« Le secret, c'est la motivation. C'est comme cela que je sélectionne mes collaborateurs, je ne supporte pas le dilettantisme. »

Nous apprenons incidemment qu'elle est en instance de divorce...

Pierre le contributif

— Quand mes anciens collègues m'ont vu dans ce petit bureau et avec une secrétaire pour deux, ils avaient l'air pour certains franchement désolé, et pour d'autres faussement compatissant.
— Mais pourquoi ?
— Je passais d'un statut de patron d'un centre de production de six cent personnes, avec le grand bureau, le respect inquiet des collaborateurs

et l'image du notable de province invité pour tous les événements importants par la mairie à un poste fonctionnel avec deux collaborateurs au siège.

— Alors pourquoi avez-vous accepté ?

— Pour deux raisons, la première est que le président m'a convaincu que je pouvais vraiment être utile là où je suis, la seconde c'est que ça m'intéresse vraiment même si, en terme de carrière, ce n'est pas le parcours classique. Moi, j'ai besoin de savoir que ce que je fais est utile pour l'entreprise.

C'est vrai qu'à 51 ans, Pierre a un parcours plus atypique que certains de ses camarades de promotion. Mais lorsqu'on interroge les dirigeants de l'entreprise, il apparaît comme l'un des collaborateurs les plus précieux.

— Vous comprenez, nous dit le président à son sujet, Pierre est l'un de mes rares collaborateurs qui, lorsque je lui confie une mission, ne commence pas par marquer son territoire vis-à-vis de ses collègues et me demander d'arbitrer des conflits. Ça ne veut pas dire qu'il n'y en a jamais avec lui, mais il a toujours d'abord la préoccupation de l'intérêt de l'entreprise et il cherche toujours le compromis.

Tout au long de nos livres précédents, nous avons montré les risques et les dangers des excès de motivation. Nous voilà maintenant les chantres de la contribution, en quoi est-ce différent ? Si ça l'est, peut-on être motivé et contributeur ? Peut-on définir des profils de collaborateurs en fonction de ces deux dimensions que sont la motivation et la contribution ?

Les ressorts psychologiques de la contribution et de la motivation

La motivation et la contribution ont toutes deux en commun de reposer sur une implication affective investie dans le travail. Mais le ressort affectif qui les sous-tend n'est pas le même.

L'ego de la motivation. Le ressort de la motivation est de satisfaire l'ego. Le sujet surmotivé s'implique tellement dans son travail qu'il en vient à faire un lien entre ce qu'il fait et ce qu'il est. L'atteinte du résultat prend donc pour lui une importance primordiale. Ce qui se joue, c'est l'image qu'il a de lui-même et que les autres peuvent lui renvoyer. L'enjeu est tel qu'il est prêt à tout pour y arriver. Tout, c'est notamment le sacrifice de ses autres champs de vie, comme sa vie personnelle ou sa vie amicale. Le travail devient le pilier principal de son économie psychique. Souvent, cela le conduit à avoir des relations affectives fortes d'amitié ou d'inimitié avec son environnement professionnel. La réussite personnelle devient un besoin auquel il doit se soumettre au risque de la dépression. C'est souvent renforcé par un système de « contrôle interne » : la conviction que ce qui arrive ne dépend que de soi, découle de la capacité à contrôler soi-même les situations, quelles qu'elles soient. En cas de succès le plaisir est solitaire, les autres ne servant que de miroirs flatteurs. **Ce qui compte d'abord et avant tout c'est donc lui : ce qu'il fait, ce qu'il réussit, si possible mieux que les autres.**

Un rapport au moi conflictuel. Si l'on voulait pousser plus loin l'analyse psychologique, on pourrait dire que les individus qui ont tendance à la surmotivation ont souvent un rapport au moi conflictuel. Soit sur le mode d'un doute permanent qu'ils compensent en se « prouvant » de quoi ils sont capables dans le travail. Soit sur le mode d'une surestime de soi qui les conduit à considérer les autres comme inférieurs à eux. Comme toujours lorsqu'il s'agit de psychologie, le sujet lui-même est souvent le moins conscient de sa situation. Ce n'est pas un hasard si le modèle motivationnel de l'entreprise est souvent emprunté au sport. Un sportif de haut niveau investit tout sur une période limitée dans sa réussite. Pas question de parler d'équilibre de vie, il s'agit bien de tout sacrifier pour monter sur le podium. Ce n'est tenable que parce que c'est limité dans le temps et ce n'est possible que pour certaines personnalités. Il est clair qu'après un investissement de ce type, **il y a facilement une assimilation entre l'être et la performance : « je suis ce que je réussis ou ce que je rate ».**

Le plaisir relationnel du contributif. Le ressort de la contribution, c'est le plaisir relationnel. **Il y a plus de satisfaction dans la réussite de l'équipe que dans le fait de se montrer meilleur que les autres.** L'exigence n'est donc pas la même car tout ne dépend pas de soi. En revanche, on se sent concerné par l'ensemble des sujets qui touchent l'équipe. Le plaisir relationnel peut parfois pousser à consacrer de plus en plus de temps et d'énergie à l'entreprise. C'est ainsi que, si on n'y prend pas garde, le contributif peut devenir surmotivé. C'est-à-dire qu'il perd la distance indispensable qui lui permet de garder un esprit critique et de ne pas lier son sort à celui de l'équipe. C'est pourquoi la question de la séparation et de la limite entre vie personnelle et professionnelle est si importante. C'est pourquoi aussi l'entreprise doit cultiver l'esprit de résistance et non pas celui de fusion entre les collaborateurs et leur entreprise.

> *Les sujets qui contribuent sont souvent plus matures et plus équilibrés.*

Bien contribuer suppose d'être équilibré, donc de mettre une limite à son implication dans l'entreprise. La limite se définit clairement par le fait de ne pas sacrifier ses champs de vie pour le travail. **Les sujets qui contribuent sont souvent plus matures et plus équilibrés. C'est-à-dire que leurs conflits internes ne sont pas déterminants dans leurs choix.** Tout ne se fait pas par rapport à leur propre économie psychique mais en fonction de leur environnement et du but collectif. Si l'on devait reprendre la comparaison sportive, la contribution correspondrait au sport d'équipe, la motivation au sport individuel. À ce propos, il est intéressant de constater à la lecture du livre d'Aimé Jacquet combien sa première préoccupation est de mettre l'ensemble de ses joueurs dans un esprit contributif : faire passer l'équipe avant sa propre satisfaction. Il est clair que le choix d'écarter certains joueurs très brillants correspondait à l'hypothèse qu'ils n'étaient pas prêts à cette exigence.

Quelques attitudes de « motivé » et de « contributif »

En vacances, un individu motivé va trouver une satisfaction à ce qu'on le dérange pour résoudre un problème. Cela lui prouve simplement qu'il est indispensable. Celui qui s'investit sur le mode de la contribution trouvera sa satisfaction dans le fait que les informations qu'il a transmises à ses collègues leur ont permis de résoudre le problème sans lui.

Lorsqu'un problème se présente, le « motivé » vérifie d'abord dans quelle mesure le résoudre entre directement dans sa compétence et sera crédité sur sa performance. Le « contributif » raisonne sur la valeur ajoutée qu'il peut avoir à le résoudre lui-même par rapport aux autres tâches qu'il a à faire.

La question de l'ambiance n'est pas un sujet essentiel pour le motivé. Ce n'est pas cela qui détermine la qualité de son travail. Il a tendance à trouver que ceux qui y attachent de l'importance et qui y consacrent du temps le perdent. À l'inverse, le « contributif » pressent qu'aucune réussite collective ne peut se faire si les relations se dégradent. Il y est donc particulièrement vigilant et intervient dès qu'il le juge nécessaire.

**Les caractéristiques de l'investissement sur le mode
de la motivation et sur celui de la contribution**

Motivation	Contribution
• Met en jeu l'image de soi.	• Met en jeu l'épanouissement relationnel.
• Proximité entre ce que je fais et ce que je suis.	• Proximité entre mon sort et celui de l'entreprise.
• Tournée sur la tâche.	• Tournée vers l'entreprise.
• Mesurée en performance individuelle.	• Mesurée en prise de responsabilité et circulation de l'information.
• Implique un investissement affectif très important.	• Implique de garder une distance affective pour ne pas être submergé par ses émotions.
• A pour conséquence un sacrifice des autres champs de vie.	• Ne peut être efficace à long terme que s'il existe un équilibre des champs de vie.

NB : les 35 heures ont favorisé le clivage entre cadres et non cadres sur le plan de la contribution. C'est comme si, implicitement, on admettait que les cadres qui ne comptent pas leurs heures au quotidien devaient contribuer alors que les autres pouvaient se contenter d'une performance quotidienne. On a d'ailleurs assorti, dans beaucoup d'entreprises, la mise en place des 35 heures d'objectifs individuels plus précis. Pour les cadres, en revanche, il est admis qu'ils doivent s'approprier la réussite de l'entreprise dans sa globalité.

Peut-on être à la fois motivé et contributeur ?

La réponse est oui. Distinguons trois niveaux de motivation que nous croiserons avec la contribution :

- Le surmotivé, dont la plus grande part de la capacité affective est captée par le travail. Il met principalement un enjeu personnel dans sa réussite.
- Le (raisonnablement) motivé, qui investit sur le plan affectif son travail, suffisamment pour en tirer des satisfactions personnelles et du plaisir, mais en veillant à maintenir un équilibre entre ses différents champs affectifs.
- Le non motivé, qui ne met aucun affect dans sa vie professionnelle et n'y trouve donc aucun plaisir.

Surmotivé, très contributif : la dépendance affective

A priori, on pourrait penser que c'est l'idéal. Il s'agit de collaborateurs qui investissent beaucoup d'affectif dans leur travail. C'est le profil type des patrons de PME. En tant que patron, ils sont par essence contributifs. Entrepreneurs d'un tempérament souvent fonceur, ils aiment mettre de la motivation dans ce qu'ils font. On trouve aussi souvent ce type de profil chez des cadres de grandes entreprises qui ont bénéficié d'une forte ascension sociale par la promotion interne et qui n'ont connu qu'une entreprise. Ils ont toujours mis un point d'honneur à réussir leur mission et, en parallèle, ils ont un attachement très fort à leur entreprise, avec souvent une idée précise de ce qu'elle est et de ce qu'elle doit être.

Attention à ceux qui en font trop !

Le risque est de deux ordres par rapport à ce type de profil :

- le premier est leur difficulté à comprendre que leurs collaborateurs ne soient pas comme eux, comme si leur implication n'était pas liée à leur position dans l'entreprise mais à un mode de fonctionnement reproductible par tout le monde ;

- le second est la confusion qu'ils peuvent facilement faire entre leurs enjeux propres d'individu et ceux de leur entreprise. On le voit souvent dans les opérations de fusions-acquisitions dans lesquelles, de façon consciente ou inconsciente, les dirigeants font passer la valeur symbolique qu'ils accordent à leur entreprise avant son intérêt. Ils s'assimilent parfois tellement à l'entreprise que c'est tout à fait sincèrement qu'ils pensent agir pour elle, alors qu'ils se réfèrent à des enjeux personnels. Il en est de même pour certains cadres qui se sont forgés une image de leur entreprise si forte que tout changement est vécu comme une trahison.

De plus, **ces profils ont toujours tendance à trop sacrifier leur vie personnelle pour le travail.** Dès lors, cette composante de leur vie ne leur donne que peu de satisfaction et ils vont donc encore plus travailler. Le cercle vicieux s'installe. Rapidement, ils se mettent en dépendance affective.

Le cas de Sylvie

La cinquantaine énergique, lorsque Sylvie rejoint une start-up pour y assumer le rôle de directeur administratif et financier, elle le fait avec tout l'enthousiasme qui la caractérise. Tout est à faire et c'est ce qui lui plaît. Elle croit au projet et elle a à cœur de montrer aux fondateurs qu'elle obtient des résultats. Dégagée de ses obligations familiales, elle n'hésite pas à revenir le week-end faire ce qui n'a pu être fait plus tôt.

Dans un premier temps, les fondateurs sont ravis. Recruter quelqu'un d'aussi compétent avec une telle motivation est une bénédiction.

Selon sa vocation, l'entreprise croît rapidement et les fondateurs réalisent qu'ils ont des difficultés à intégrer de nouveaux collaborateurs. Ce n'est pas que les candidats manquent, mais, au bout de quelques semaines, il s'avère qu'il existe des « problèmes relationnels » qui nécessitent leur départ. Sylvie, en apparence toujours très accueillante, trouve toujours des explications rationnelles à ces difficultés.

En fait, les fondateurs réalisent qu'elle a du mal à intégrer de nouveaux collaborateurs car elle se sent menacée. Dès qu'elle ne « contrôle » pas parfaitement un collaborateur, elle s'arrange pour qu'il soit exclu.

On peut donc considérer qu'à terme, la surmotivation d'un collaborateur ira toujours à un degré ou à un autre à l'encontre de sa contribution.

Surmotivé, peu contributif : la mission stricto sensu

Cela correspond aux mercenaires décrits plus haut. Très professionnels et compétents, ils remplissent leur mission et strictement leur mission. Pas d'affectio societatis pour ces collaborateurs qui iront à la concurrence sans état d'âme si la proposition est meilleure. Leurs affects sont tournés vers leur mission qui les renvoie à eux-mêmes. Souvent efficaces pour atteindre leurs objectifs, il ne faut pas compter sur eux pour favoriser l'esprit d'équipe. Ils présentent de gros avantages pour des structures qui ont besoin de résultats rapides et qui sont en mutation. Si ces collaborateurs restent longtemps dans un même service, ils ont alors tendance à s'assimiler à leur service et à exacerber les rivalités avec leur entourage. **Ils peuvent ainsi construire des citadelles au sein de l'entreprise, véritables places fortes qui résistent à tout changement et à tout regard extérieur.** S'ils sont dans un système de rotation rapide, on s'aperçoit que, n'ayant pas pris en compte l'intérêt de l'entreprise, de nombreux problèmes apparaissent après leur départ car ils n'ont raisonné qu'en fonction du très court terme.

Sans motivation, pas de plaisir.

Non motivé, peu contributif : le travail vécu comme une contrainte

Ils font la désolation des managers qui n'arrivent pas à comprendre leur mode de fonctionnement. En fait, leur investissement affectif est trop peu important pour qu'ils prennent du plaisir dans ce qu'ils font. **Pour eux, le risque principal est évidemment l'ennui.** Travailler devient alors particulièrement pénible et, comme on peut s'en douter, la performance baisse d'autant. Comme souvent lorsqu'il existe un manque d'intérêt pour le travail, le problème ne vient pas des individus eux-mêmes mais du mode de management. La plupart des nouveaux embauchés arrivent plein de bonne volonté et avec un vrai désir de contribuer. Quelques mois plus tard, après s'être fait rabrouer lors d'initiatives qu'ils avaient pu prendre ou n'avoir pas eu de réponses à leurs questions, ils ont capitulé. **Ils se sont enfermés dans un rôle d'exécutant dans lequel ils ne peuvent avoir aucune visibilité sur ce que pourrait être leur contribution et pour lequel ils ne trouvent pas de source de motivation.** Parfois, c'est par choix personnel que les collaborateurs ne mettent aucune motivation dans leur travail. Ils trouvent ailleurs des sources de satisfaction et d'épanouissement et utilisent la vie professionnelle uniquement pour gagner leur vie. Le calcul est évidemment mauvais car les trente-cinq heures hebdomadaires vont devenir de plus en plus pénibles. Et le collaborateur prend des risques évidents pour son avenir.

Dans les grandes entreprises, on trouve les bataillons de ceux qui résistent à tout changement par principe et qui s'accrochent à leurs « avantages acquis » comme à une bouée.

Non motivé, contributif : le touche à tout

En général ce qu'il fait lui ne lui plaît pas mais il s'intéresse beaucoup à ce que font les autres.

Il considère souvent, à tort ou à raison, qu'il est sous-employé dans la mission qui lui a été confiée. Il exprime son désir de mieux servir l'entreprise qui l'emploie.

Contribution ne signifie pas dispersion.

La disponibilité d'Anne

Curieusement, alors qu'elle est assistante du directeur commercial, Anne semble être devenue l'une des personnalités les plus marquantes de l'entreprise. Il est vrai qu'avec un effectif de 100 personnes, tout le monde apprend à se connaître. Mais dès qu'un problème se pose, c'est vers elle que l'on se tourne. Qu'il s'agisse d'informatique, de trouver un nouveau fournisseur ou de remplacer un collaborateur malade, elle est toujours disponible pour donner un coup de main et a toujours une idée. Elle adore d'ailleurs qu'on la consulte.

C'est pour Arnaud son patron que c'est plus difficile, il n'arrive pas à lui faire tenir les plannings de ses tâches et s'exaspère des erreurs à répétition qu'elle commet : « Parfois j'ai l'impression que tu te fiches de ce que je te demande ! »

— Ce n'est pas de ma faute, je suis toujours dérangée.

— J'ai surtout l'impression que tu fais tout, sauf ce que je te demande...

Deux hypothèses sont possible face à un collaborateur de ce type. Soit il peut effectivement faire mieux et il serait dommage de gâcher une si bonne volonté. Soit il ne se rend pas compte de ses capacités réelles et a tendance à s'imaginer plus compétent qu'il ne l'est. Un bilan de compétence peut être utile pour différencier les deux hypothèses.

Motivé, contributif : un juste équilibre

L'essentiel pour lui est dans ce qu'il fait, mais aussi dans quelle mesure cela contribue au succès collectif. Il ne s'agit pas d'une abnégation totale, il faut qu'il trouve intérêt à ce qu'il fait. S'il garde une motivation dans la tâche elle-même, il sait pour autant qu'elle n'est pas une fin en soi mais une brique de l'édifice. En écrivant ces lignes, nous pensons aux bâtisseurs de cathédrales dont nous avons si peu de noms. Seuls restent les édifices, comme si les constructeurs s'étaient effacés devant l'œuvre. Le motivé contributif a à cœur de bien faire sa part, mais, si pour l'intérêt de l'ensemble cette part devient moins visible ou s'il faut en modifier la facture, l'arbitrage se fait en fonction de l'ensemble. Ainsi, il reste souple face aux changements éventuels.

L'équilibre n'est pas seulement entre motivation et contribution, il est aussi entre vie personnelle et vie professionnelle.

Le « contributif » n'a pas besoin d'une reconnaissance pour chacune des actions qu'il accomplit. Les cadres nous font parfois penser à une petite fille de sept ans que nous connaissons bien qui, dès qu'elle participe à une activité collective, nous signale les éléments précis de sa participation : telle idée, c'est elle qui l'a eue, telle partie du dessin, c'est elle qui l'a faite. Son ego d'enfant a besoin de l'étayage du regard paternel dans le quotidien, pour chacun de ses gestes. Le « contributif » n'a pas besoin de ce type de comptabilité. Il n'est pas en rivalité permanente et ne doute pas trop de lui. Il est conscient de ce qu'il apporte. Ça ne veut pas dire pour autant que les feed-backs, les marques, les signes ou les encouragements l'indiffè-rent et qu'il n'a pas besoin de sanction positive de la part de sa hiérarchie. Il a besoin d'un étayage global, pas systématique. **Son estime de lui et la conscience de sa valeur profession-nelle lui permettent de prendre au quotidien le risque d'une contribution sans reconnaissance en retour.**

Les avantages sont clairs : plus d'esprit d'équipe, moins de lutte de territoire, responsabilisation importante (il ne se défausse pas des problèmes). En revanche, ces profils sont beaucoup plus exigeants sur le plan de la compréhension globale de la stratégie de l'entreprise. Plus encore : s'ils ne comprennent pas, ils ne peuvent pas être contributifs.

On ne peut avoir de collaborateurs contributifs lorsque le mode de management repose sur la rivalité entre les équipes, comme cela se fait couramment. De même, cela suppose une grande solidarité entre les différents centres.

Au cours de la décennie 90 où nous avons vu de nombreux sites fermer, il est clair qu'on ne pouvait pas demander aux collaborateurs d'être contributifs. **Le « modèle contributif » ne peut fonctionner que dans un cadre économique qui permet la confiance et le respect mutuel.** En clair, en période de « downsizing », où la question est de savoir qui sera le prochain sur la liste des licenciements, il paraît difficile de demander aux collaborateurs d'être contributifs. Ce serait même manipulateur. Heureusement, la période économique de croissance que nous vivons actuellement favorise cette confiance.

Motivation	++	++	+	0
Contribution	++	+/0	++	0
Résultat	Dépendant affectif du travail (Workaholic)	Mercenaire	Team player	Résigné, vit le travail comme une contrainte

Avoir des collaborateurs raisonnablement motivés et contributifs offre la meilleure efficacité à moyen terme. C'est aussi se donner les meilleures chances d'avoir des équipes qui s'adapteront aux changements à venir. Malheureusement, ce n'est pas le modèle le plus répandu dans l'entreprise car la période dominée par les gains de productivité de ces dernières années a utilisé presque exclusivement le ressort de la motivation. Pour la solliciter encore plus, le management a systématiquement utilisé la rivalité et la performance individuelle. Enfin, la logique de territoire a encore accentué la motivation. Les risques qui se posent aujourd'hui avec ce modèle sont un manque d'adaptabilité de ceux qui ont fait le succès des entreprises d'hier. C'est l'un des paradoxes auquel on assiste : les éléments les plus performants pourraient être ceux qui résistent le plus au changement dans les années à venir. La raison en est très simple : en changeant d'organisation, on modifie les règles du jeu qui étaient adaptées à leur relation au travail. Il n'est pas dit que les nouvelles règles leur conviennent.

Contribution = confiance

La confiance est un sujet sensible. Tout le monde est d'accord pour dire que c'est essentiel mais personne n'a de discours clair sur le sujet.

Par exemple, les collaborateurs sont toujours très à l'affût des signes de confiance du manager à leur égard. Ils réagissent souvent mal lorsque ce dernier vérifie un point ou l'autre ayant trait à leur travail : « Tu ne me fais pas confiance ! » s'exclament-ils alors indignés.

La représentation collective vis-à-vis de la confiance est souvent de l'ordre du tout ou rien et du sans limitation dans le temps. On fait ou on ne fait pas confiance une fois pour toute. En fait, la confiance doit se nourrir en permanence pour ne pas risquer l'abus de confiance. Une confiance sans support concret est une confiance aveugle. Faire confiance une fois pour toute, c'est faire l'hypothèse que rien ne changera jamais. Seulement, les critères de la confiance ne sont pas simples et la vérification de ces critères peut dégrader facilement un climat relationnel.

C'est pourquoi, la contribution permet de formaliser la possibilité de faire confiance à un collaborateur. Comme nous le verrons dans la troisième partie de ce livre, les critères de la contribution peuvent être clairement définis et évalués par le plus grand nombre, c'est-à-dire de la manière la plus juste. Ainsi, en compensation de sa contribution, le collaborateur doit bénéficier d'une plus grande liberté et d'une plus grande marge de manœuvre. On vérifie qu'on peut lui faire confiance et, en échange, on lui donne plus de liberté : le cercle vertueux s'auto-alimente.

L'évaluation de la contribution aide à avancer sur cette question de la confiance, mais dans un seul sens. Celui qui va de l'entreprise vers le collaborateur : en vérifiant qu'un collaborateur contribue, l'entreprise sait qu'elle peut lui faire confiance. L'autre sens est autrement complexe. Nous l'aborderons dans la troisième partie : comment le collaborateur peut avoir confiance dans l'entreprise.

7 | DE L'OBÉISSANCE À LA RÉSISTANCE

Scène de la vie quotidienne en entreprise

— On ne va tout de même pas effacer notre banque de données sur tous nos gros clients internationaux.

— On n'a pas le choix : le nouveau président a décidé de fonctionner autrement.

— Mais enfin, tu sais très bien que ça représente un outil de travail formidable qui a permis de fédérer des centaines de collaborateurs partout dans le monde.

— Je sais bien, mais ça ne change rien au fait que les instructions sont claires.

— Et les mois de travail passés à la constituer, tu t'en fous ?

— Je ne m'en fous pas, mais je te répète que nous n'avons pas le choix, ça a été décidé au-dessus et nos états d'âme, ils s'en foutent !

— En tout cas, ne compte pas sur moi pour me montrer solidaire de ce genre de décision ; je sais que c'est dans la charte d'entreprise, mais il ne faut pas non plus me demander de dire le contraire de ce que je pense.

HEUREUSEMENT, CE TYPE DE SITUATION qui nous a été rapporté à la suite d'une fusion n'est pas si fréquent. En revanche, les expressions comme « On n'a pas le choix », « Ç'a été décidé au-dessus » ou « On ne te demande pas ton avis, on te demande d'appliquer les instructions » ne sont pas rares dans les échanges quotidiens : implicitement, elles indiquent le devoir d'obéissance.

L'obéissance n'est pas ouvertement affichée comme une exigence vis-à-vis des collaborateurs. Ce n'est pas nécessaire, puisque c'est une évidence. Dans les critères de recrutement, on cherche de nombreuses compétences et différents types de comportements, mais pas l'obéissance. C'est acquis : le futur collaborateur ne peut pas ne pas être obéissant. Comme souvent lorsqu'une évidence est acquise, elle n'est plus remise en cause.

> *On ne parle pas d'obéissance parce que c'est une évidence.*

« Le thème de l'obéissance est ringard. » En échangeant avec une amie chercheuse en sciences humaines dans l'entreprise, celle-ci nous faisait valoir que c'est un thème déjà largement abordé par les chercheurs. Ce serait une problématique des années 70, aujourd'hui largement dépassée par l'entreprise. L'obéissance est le principe explicite du fonctionnement des armées[1], pas de l'entreprise. Les collaborateurs font parce qu'ils sont convaincus, motivés, persuadés. Tous les managers disent agir en fonction de ce principe ; en pratique, ils n'en demandent pas moins l'obéissance comme préalable.

---

1. Et encore nous verrons que ce n'est même plus évident pour les armées.

La réalité du terrain montre un jeu relationnel vertical qui repose principalement sur un rapport d'obéissance. Quel que soit le niveau hiérarchique, les collaborateurs sont le plus souvent « aux ordres du patron ». Qui oserait résister à un Tchuruk ou à un Bill Gates ? On va même parfois plus loin : on anticipe ce qu'il va demander.

L'immense chemin entre l'obéissance et la résistance

Si l'obéissance est à ce point une évidence de la relation entre les managers et les collaborateurs, c'est que son contraire est brandi comme le danger absolu. « C'est bien une idée de psy ça, prôner la désobéissance dans l'entreprise, allons-y et pourquoi pas l'anarchie ? » Le commentaire de ce dirigeant auquel nous parlions de ce projet de livre au cours d'un déjeuner est assez caractéristique.

> *Ne pas obéir, ce n'est pas désobéir : c'est questionner et remettre en cause.*

C'est un domaine où la plupart des gens raisonnent de façon dichotomique : s'il n'y a pas d'obéissance, c'est la désobéissance ; comme une entreprise ne peut pas marcher dans la désobéissance, l'obéissance est inévitable. En fait, si nous pensons qu'il faut sortir de l'obéissance comme mode relationnel pour les raisons que nous allons développer, pour autant nous ne prônons pas la désobéissance. **Il ne s'agit pas de faire le contraire de ce que le manager demande, il s'agit de le soumettre au questionnement, de le pousser dans ses retranchements. L'argument d'autorité est banni au profit**

de la nécessité de convaincre. Le double effet recherché est, d'une part d'obliger le manager à valider ses options en répondant aux objections qui lui sont formulées, d'autre part de convaincre ses collaborateurs de la pertinence de ses choix.

Les risques de l'excès d'obéissance

La logique économique est indissociable de celle de l'efficacité. Jusque-là tout le monde est d'accord. Dans l'esprit de la plupart, cette efficacité est synonyme d'ordre, et donc de discipline. Nous avons tous en tête les modèles véhiculés par le cinéma, d'armées parfaitement disciplinées et donc parfaitement efficaces, chacun connaissant son rôle sur le bout des doigts, décidé à l'avance par les stratèges. Cette équipe qui semble fonctionner comme une horlogerie suisse est idéalisée. On aimerait qu'elle puisse se transposer à l'entreprise.

À l'opposé, on peut imaginer des organisations complètement anarchiques où chacun fait ce qu'il veut et rien n'avance. Vision d'horreur pour tout manager responsable. Et puis, soyons simple, il en est de même avec les collaborateurs qu'avec les enfants : c'est beaucoup plus confortable lorsqu'ils obéissent sans discuter. Tout concourt donc à ce que notre représentation collective soit très en faveur de l'obéissance, surtout dans le cadre de l'entreprise.

Et pourtant, **trop d'obéissance réduit l'efficacité.**

Obéir ou évaluer la situation

Au cours d'un séminaire, nous avons entendu un conférencier (dont il faut avouer, à notre grande honte, que nous avons oublié le nom) défendre une théorie qui nous a paru intéressante, même si nous n'avons pas la compétence pour en apprécier l'exactitude. Selon lui, l'une des explications de la supériorité de l'armée prussienne sur la française au cours de la première moitié du XXe siècle venait d'une différence fondamentale dans le rapport à l'obéissance. Dans la tradition française et jacobine, tout est très centralisé. Les généraux décident et chacun retransmet les ordres et les applique à son niveau. Les officiers sont donc formés comme des exécutants d'ordres venant d'en haut. Peu importe ce qu'ils en pensent ou plutôt peu importe la réalité du terrain qu'ils rencontrent : un ordre est un ordre et leur métier est de l'appliquer quoi qu'il arrive. Dans la tradition prussienne, l'officier doit interpréter l'ordre en fonction des circonstances. Ainsi, peut-il être parfaitement justifié qu'il n'exécute pas un ordre, simplement parce qu'il lui paraît absurde, compte tenu des circonstances qui ne sont pas celles prévues par celui qui l'a formulé. L'appréciation qu'a l'officier du terrain prévaut sur l'exécution à la lettre. Il ne s'agit pas évidemment d'agir à l'encontre de la stratégie, ni de laisser chaque officier faire sa propre stratégie. Il leur est demandé de l'adapter en fonction des particularités de ce qu'ils rencontrent[1].

---

1. Quelques semaines après avoir écrit ces lignes, nous sommes tombés sur le reportage d'un journal télévisé qui montrait comment on apprend à des capitaines de l'infanterie française à ne pas appliquer les ordres à la lettre. On leur présentait les situations dans lesquelles ils ne doivent pas obéir à l'ordre d'un supérieur. Quel chemin parcouru par l'armée ! Serait-elle en voie de prendre de l'avance sur les entreprises ?

Récemment dans un grand groupe international, on nous a raconté l'histoire suivante. Sous le prétexte des « best practices », il a été décidé que tous les chauffeurs dans le monde porteraient la même casquette. Le modèle a été défini par le siège (probablement après une étude approfondie) et toutes les filiales devaient en munir ses chauffeurs. Évidemment, les chauffeurs des pays du sud rêvaient d'une casquette plus aérée et ceux du nord d'une casquette avec oreillettes. Impossible de ne pas faire le lien avec l'état-major français de la première moitié du siècle dernier.

L'argument d'autorité est le symptôme de la défaillance des managers.

Sur le plan de la stratégie globale, tant pour des raisons de marketing que de facilité de circulation de l'information, les groupes internationaux ont tendance à rechercher une uniformisation. Pour certains, cette uniformisation doit aller jusqu'à la gestion des ressources humaines et la culture d'entreprise. Le réflexe classique des filiales, pour garder une certaine autonomie, est de mettre en avant des particularités de terrain qui leur imposent de faire autrement (c'est-à-dire de faire comme bon leur semble). Faire la part des arguments légitimes et de ceux qui le sont moins est difficile. Se crée alors une relation de méfiance conduisant les sièges à imposer leurs ordres qui, appliqués de façon uniforme aux contextes les plus variés, peuvent devenir absurdes.

L'argument d'autorité est l'une des choses parmi les plus mal vécues dans le monde de l'entreprise. C'est ressenti comme un signe d'infantilisation ; c'est démobilisateur et cela tue toute envie de prendre des initiatives.

De l'obéissance à l'absence de contestation et à la production d'erreurs

« Dans le cadre d'une action sur la qualité de vie sur le site, nous avions décidé au comité de direction que tous les cadres s'engageraient à partir, une fois par semaine, à la même heure que leurs collaborateurs. C'est-à-dire 17 h 30. En fait, trois mois plus tard, au moins la moitié des cadres ne l'ont pas fait. »

Le patron de site qui nous raconte cette histoire semble authentiquement désolé. On pourrait croire que ses collaborateurs n'obéissent pas ; en fait, c'est le contraire : en ne faisant pas ce qui est demandé explicitement, ils pensent faire ce qui est demandé implicitement, c'est-à-dire travailler toujours plus.

On constate de plus en plus souvent que les collaborateurs anticipent ce qu'ils pensent être les desiderata de leurs dirigeants. Le rapport d'obéissance va souvent avec le rapport de soumission. C'est ce que l'on appelle en psychologie systémique la position basse. On admet que l'autre soit en position de supériorité. On accepte donc ses décisions et on les applique. Le risque est de globaliser cette position basse des deux façons suivantes :

- en cessant d'exprimer ses doutes, ses questions, voire ses désaccords, vis-à-vis des décisions ;
- en ne s'interrogeant plus sur les décisions, en arrêtant de réfléchir : « Je n'ai pas besoin de réfléchir, on s'en occupe au-dessus de moi, d'ailleurs c'est très bien comme ça ; ça me repose. »

En demandant, au cours de nos missions, l'avis de collaborateurs sur des décisions de leurs managers, nous avons souvent des réponses du type : « Je ne sais pas, de toute façon ce n'est pas de mon ressort... ». La position basse est globale, il ne reste plus au collaborateur qu'à obéir. Comme toujours dans les situations relationnelles, c'est l'interaction entre les protagonistes qui les positionne l'un par rapport à l'autre. Si la position basse est globale, c'est souvent qu'en face, le manager a pris une position haute systématique. D'ailleurs, tous les prétextes sont bons pour demander aux collaborateurs d'obéir sans contester. Le manque de temps, l'exigence de réactivité, l'impossibilité de tout justifier, etc. Et là encore, on trouve le confort du manager. Il n'est pas contesté et cela lui simplifie la vie (du moins en apparence). Et dans le fond, pourquoi lui compliquer la vie ?

Il ne s'agit évidemment pas de chercher la complexité là où la simplicité se montre efficace, il s'agit de pointer les limites de ce fonctionnement. Le risque principal réside dans la production d'erreurs.

C'est tellement plus facile de se taire.

L'analyse des grosses erreurs montre que les systèmes qui les produisent ont notamment la caractéristique d'avoir à leur tête un dirigeant isolé, qui ne supporte pas la remise en cause de ses choix par ses collaborateurs et qui persiste par rapport à ses options initiales. C'est comme cela qu'on arrive à Pearl Harbour[1].

---

1. L'étude rétrospective du processus qui a conduit à Pearl Harbour a montré que l'amiral qui dirigeait les forces américaines dans le pacifique avait « décidé » qu'une attaque japonaise « n'était pas possible ». Dès lors, toutes les informations qui n'allaient pas dans le sens de sa conviction n'étaient pas prises en compte ou étaient tournées en dérision. Car les américains disposaient en fait des informations leur permettant d'anticiper l'attaque.

En somme, le chef a toujours raison. Ne posez pas de questions, laissez-le faire ses erreurs tranquillement.

Pour des raisons le plus souvent relationnelles, le statut quo est privilégié. « Si je pose des questions à mon patron, comment va-t-il le prendre ? ». **C'est tellement plus facile de se taire.**

Faire des erreurs c'est utile, c'est même indispensable pour progresser. Encore faut-il pouvoir les analyser. **Dans un système de non contestation, il ne peut pas y avoir de véritable analyse de l'erreur car s'interroger sur les choix est souvent vécu comme une agression.**

Lorsque les collaborateurs exigent des dirigeants autoritaires

C'est tellement plus facile d'avoir un chef qui décide plutôt que de traiter les problèmes à son propre niveau. Ça rassure, ça fait gagner du temps et c'est fédérateur. Et puis, si la décision se révèle a posteriori mauvaise, on est couvert.

Les collaborateurs sont souvent très demandeurs de positions autoritaires et tranchées de leurs dirigeants, contre lesquelles ils ne manqueront d'ailleurs pas de prendre position à l'occasion. Le plus souvent, cela permet d'éviter de négocier avec ses interlocuteurs internes pour trouver des compromis. Ou alors de prendre des risques soi-même. **On joue d'influence auprès du manager pour qu'il tranche dans le sens souhaité, mais on évite de décider.**

Un manque de décision au sommet

– *C'est n'importe quoi, personne ne décide.*
– *Tu as raison, au niveau direction générale, ils n'abordent pas les problèmes qui fâchent et le président a l'air incapable de trancher.*

Récemment, au cours d'une mission dans un groupe, les collaborateurs exprimaient ce manque de décision au sommet, associé à un sentiment d'immobilisme. En fait, les choses avançaient, mais lentement parce qu'elles se faisaient par négociation interne. Le président décidait le moins possible mais exigeait que les problèmes se résolvent entre les protagonistes concernés. Tant qu'il n'avait pas expliqué les raisons profondes de son mode de management, les collaborateurs interprétaient cette attitude comme de la faiblesse ou du manque de courage.

On peut déléguer la responsabilité des décisions, mais il faut expliquer le mode d'emploi. La défausse managériale est d'autant plus dommageable que les craintes des collaborateurs sont renforcées par un droit du travail qui postule que la décision vient d'en haut.

L'impossibilité de critiquer

À force de ne pas remettre en cause les managers, s'installe un code implicite selon lequel la critique, voire même simplement le questionnement sont considérés comme agressifs. Progressivement, sans que personne n'en prenne vraiment conscience, un style relationnel s'installe : l'habitude. Il devient difficile d'en sortir. On n'y pense même pas et, si on venait à y penser, on ne saurait pas comment faire. **Le manager est gratifié d'une position de toute puissance qui ne peut être remise en cause et qui devient très inhibitrice pour le collaborateur.** Face à un chef qui a toujours raison, je ne peux qu'attendre ses instructions, ne prendre aucune initiative car, de mon coté je me sens faillible et je préfère ne pas prendre de risque.

La meilleure façon d'éviter les erreurs consiste à se faire « challenger », c'est-à-dire se faire remettre en cause. Cela oblige à envisager les hypothèses qui ne l'avaient pas été dans un premier temps et cela permet de renforcer ses arguments en faveur de l'option choisie. Accepter ce questionnement de la part des collaborateurs présente un double avantage. **D'une part, ils se sentent partie prenante des décisions et donc se les approprient et les défendent mieux. D'autre part, c'est la façon la plus efficace de donner des explications sur les choix. Ils ne subissent plus « ce qui vient d'en haut », ils sont acteurs d'une organisation.** C'est de cette façon qu'ils pourront prendre des initiatives et agir de façon responsable.

À l'occasion du lancement d'Amazon.com en France, une journaliste interrogeant le président lui demande : « Est-il vrai que vous dîtes à vos collaborateurs : ne me demandez jamais la permission, éventuellement excusez-vous a posteriori de vos erreurs et ne les commettez jamais deux fois ? » On sentait dans son ton à quel point elle considérait ce propos provocateur. En fait, derrière ce message, il y a une demande explicite faite aux collaborateurs de ne pas se mettre dans une position d'obéissance et donc de prendre des initiatives.

Soyez obéissant... et prenez des initiatives

On entend souvent les managers se plaindre du manque de prise de risque de leurs collaborateurs. **« On ne savait pas quoi faire parce que tu n'étais pas là »,** lui disent-ils s'il s'absente, ce qui a le plus souvent le don de l'exaspérer et de le confirmer dans l'idée qu'il doit se montrer encore plus directif. Il fait ce qu'il peut pour contrôler au mieux la situation, c'est-à-dire ce que font ses collaborateurs : s'il doit s'absenter, il envisage les différentes hypothèses et donne ses instructions. Et en même temps, il ne manque jamais de leur rappeler qu'ils doivent être responsables, impliqués et prendre des initiatives.

Il faut choisir entre obéissance et initiative.

Le manager enferme ainsi ses collaborateurs dans une double contrainte. C'est-à-dire qu'il fait le contraire de ce qu'il dit et les met dans une position impossible où, quoi qu'ils fassent, il leur reprochera ce qu'ils ont choisi. Supposons que, compte tenu de la situation qui n'était pas exactement comme le manager l'avait envisagée, ils choisissent de ne pas appliquer ses instructions. Ils prennent une initiative et il est fort probable que le manager les sanctionnera en leur reprochant de ne pas avoir fait comme il leur avait demandé. À l'inverse, s'ils appliquent à la lettre les ordres alors que la situation est différente, leur n + 1 ne manquera pas de leur souligner qu'ils ont fait preuve de manque d'esprit d'initiative.

Présenté comme cela, l'exemple peut paraître caricatural. Il l'est. Mais, la plupart des managers que nous avons rencontrés présentaient à un degré plus ou moins fort un décalage entre ce qu'ils disaient attendre de leurs collaborateurs (autonomie, initiative, etc.) et leur tendance à être directifs. La plupart du temps, ils ne sont pas eux-mêmes conscients de mettre leurs collaborateurs en double contrainte[1] par leur propre attitude. Ils sont simplement persuadés que si ceux-ci n'agissent pas comme ils le leur demandent, c'est en raison de leur caractère. En fait, ils ne prennent pas de risque car ils sont enfermés par le devoir d'obéissance. **De l'obéissance à la passivité, il n'y a qu'un petit pas qui est vite franchi. Le collaborateur se met en position d'attente qui exaspère ses dirigeants, mais qui est induite par le jeu relationnel.**

---

1. Une double contrainte est un mode de communication caractérisé par le fait d'émettre simultanément deux messages contradictoires. Ce qui met l'interlocuteur dans un positionnement tel que, quoi qu'il fasse, on peut le lui reprocher.

Pas d'organisation apprenante
sans résistance

Une organisation apprenante est une organisation qui est en perpétuelle évolution. Rien n'est jamais figé dans les procédures et les pratiques. Au contraire, pour être apprenante, l'organisation doit susciter leur remise en cause par ceux qui les pratiquent. Par exemple, on attend d'un visiteur médical qui utilise un support marketing pour convaincre son interlocuteur médecin des qualités de son médicament qu'il le fasse évoluer en fonction des réactions de son interlocuteur.

C'est par la remise en cause et le questionnement que l'organisation se met dans une dynamique de progrès. L'enjeu est de maintenir cette dynamique dans le temps. Donc d'éviter que, satisfaits des améliorations qu'ils ont suscitées, les collaborateurs considèrent que le fonctionnement est satisfaisant comme tel. Ils pourraient alors devenir résistants au changement : **« Pourquoi changer un système qui marche et que l'on a amélioré, il y a peu de temps ? »** Cette représentation est très souvent mise en avant par ceux qui ne veulent pas changer. Au premier abord, elle paraît évidente. En fait, à y regarder de plus près, la réalité est différente. Un système, une organisation, une équipe qui ne change pas devient toujours, de façon plus ou moins rapide, contre-performante.

Arrêter de changer, c'est arrêter de progresser.

Il est vrai que cette vigilance permanente sur l'amélioration et la remise en cause de ce que l'on a fait demande une grande énergie. Il s'agit de casser les routines et, souvent, une certaine paresse favorise le maintien du statut quo.

Plus encore que la paresse, le piège réside dans un système reposant sur l'obéissance. En effet, le manager met en place une organisation en indiquant précisément à chacun son rôle. Chacun comprend alors que cette organisation choisie par le manager est liée à son action. La remettre en cause peut être vécu par celui qui oserait le faire comme une remise en cause du manager lui-même, donc comme un acte très agressif. Souvent, c'est ce dernier qui s'implique tellement dans ce qu'il fait qu'il prend toute critique sur ce qu'il a mis en place comme une attaque personnelle sur ses capacités de manager. Le système est donc verrouillé. Dès lors, les seuls changements possibles sont liés aux changements de manager.

Un exemple de résistance passive

— *Holà, qu'est-ce qui t'arrive ? Tu as complètement changé le tableau de reporting.*

— *Ne m'en parle pas, ça fait 15 jours que je bosse dessus et les commerciaux n'arrêtent pas de râler.*

— *Mais pourquoi tu as changé ?*

— *C'est Pierre qui me l'a demandé, il dit que c'est comme ça qu'il faisait dans son unité précédente et que c'est mieux.*

— *T'aurais jamais dû faire ça si vite, tu sais comment ça marche : à chaque fois qu'un nouveau chef arrive, il faut qu'il se sente obligé de tout changer pour montrer qu'il est meilleur que son prédécesseur.*

— *Peut-être, mais il m'a demandé de le faire ; je ne pouvais tout de même pas lui dire que je refusais.*

— *Évidemment, il ne faut jamais refuser, il faut dire oui, mais que tu n'as pas le temps maintenant. Si tu tiens assez longtemps, il laisse tomber un projet sur deux avec cette technique[1].*

---

1. Cette résistance-là est celle qui paralyse les organisations, c'est la résistance passive qui ne se fait jamais de front : on ne dit pas ce qu'on pense mais on ne fait surtout rien.

Le nouvel arrivant non seulement s'autorisera à changer mais se fera un point d'honneur à proposer une nouvelle organisation. Le changement est immédiatement assimilé à lui et à son arrivée. C'est son enjeu personnel et il lui faut le mettre en place et faire adhérer les collaborateurs qui le regardent d'un air sceptique. Bien souvent, ils n'y voient que le jeu de rivalité entre managers et pas ce qui peut leur être utile. Le changement devient une affaire de dirigeants. Et la conduite du changement un chariot épuisant à tirer.

L'obéissance ou l'adaptabilité

La rapidité d'évolution de notre environnement contraint le monde économique à une très forte adaptabilité. Au cours d'une mission pour une vénérable maison de cognac, nous avons été frappés par la prise de conscience des salariés de la nécessité de changer. Dans ce temple de la tradition, tout le monde était bien persuadé que, s'ils ne s'adaptaient pas aux évolutions des modes de consommation, ils ne survivraient pas. Cette prise de conscience avait été provoquée par une période de crise au cours de laquelle la baisse des performances de l'entreprise en menaçait la survie. Depuis, ces collaborateurs attachés aux traditions étaient prêts à faire en sorte que leurs produits correspondent aux demandes des clients où qu'ils soient dans le monde. Et tant pis si on consomme le cognac autrement que dans la plus pure tradition.

Il est clair qu'aucun secteur de l'économie n'est à l'abri de cette exigence d'adaptation. Or, la vraie difficulté, c'est évidemment la ressource humaine. Pour elle, changer est presque toujours un effort. Ça l'est d'autant plus qu'elle était investie dans ce qu'elle faisait auparavant. Car, **pour changer, il faut renoncer : à un mode de fonctionnement, à des savoir-faire, parfois même à une identité professionnelle. Le**

deuil est presque toujours douloureux et il explique la résistance au changement. Cette problématique est connue et toutes les entreprises ont à la traiter. Mais quel rapport avec l'obéissance ?

On pourrait penser que plus les collaborateurs sont obéissants, plus ils feront ce qu'on leur demande et plus le changement sera facile. En fait, c'est le contraire qui se passe.

> *Plus un collaborateur obéit, plus il résiste au changement.*

Le collaborateur obéissant devient un exécutant. Il prend l'habitude de faire sans avoir à s'interroger sur le pourquoi. En revanche, il a bien conscience des efforts qu'il a à fournir pour mettre en œuvre. Or, il est toujours plus difficile de faire les choses sans en connaître les raisons. La tendance naturelle est donc, comme dans l'exemple plus haut, à la résistance passive. Attentisme et inertie deviennent le mode de réponse habituel face aux demandes de changement qui viennent du management. Celui-ci s'exaspère de cette attitude et accentue encore sa pression.

Nous pouvons imaginer la réaction de managers lisant ces lignes et rétorquant qu'ils savent bien que, pour conduire le changement, il faut expliquer aux collaborateurs le pourquoi des choses. C'est évidemment mieux, mais bien souvent cela ne suffit pas. En effet, **la multiplicité des changements fait qu'au bout d'un certain temps le discours explicatif du manager n'est plus suffisamment convaincant pour emporter l'adhésion de ses collaborateurs.**

Sur le plan humain, la conduite du changement, surtout dans les grandes organisations, passe par son appropriation par les collaborateurs. Mais il ne suffit pas qu'ils en comprennent les raisons, il faut aussi les conduire à trouver eux-mêmes les solutions, c'est-à-dire les processus qu'ils vont mettre en place pour atteindre l'objectif du changement. **On fait donc appel à leur créativité, à leur sens critique, à leur capacité d'initiative et à leur sens des responsabilités. En somme, à tout ce qui est à l'opposé de l'attitude d'obéissance.**

> *Réfléchir ou obéir ?*

« Ne réfléchis pas, obéis. » On a tous entendu cette phrase. Elle exprime clairement l'opposition entre les deux attitudes. Il faut savoir ce que l'on souhaite de la part de ses collaborateurs : qu'ils réfléchissent ou qu'ils obéissent. Nous faisons le pari que l'entreprise aura de plus en plus besoin de réflexion, quitte à ce que cela se fasse aux dépens de l'obéissance.

Jusqu'où aller dans la résistance ?

Même si l'on admet cette nécessité de ne pas avoir des collaborateurs obéissants, la question est de savoir où « mettre le curseur » : on a vu qu'il ne s'agissait pas non plus de désobéissance.

En fait, dans la grande majorité des cas, **la résistance ne passe pas par les actes, mais par l'expression.** Les collaborateurs vont exprimer leur point de vue, leurs questions ou leur scepticisme face à des décisions. L'échange avec le manager ne permettra pas de tous les convaincre. Il est clair que certains resteront sur leurs positions après cet échange. C'est à ce moment que doit cesser leur résistance. On ne demande pas à tous d'être entièrement d'accord pour agir. L'entreprise n'avancerait pas. On leur demande d'exprimer leurs doutes mais aussi d'agir même sans être entièrement en phase avec les décisions, car c'est la règle du jeu de tout système humain. Il n'y a guère que dans les organisations totalitaires ou dans certaines sectes qu'il existe une apparence de consensus total.

Dès qu'on passe à l'action, l'un des éléments de réponse tient dans la question que nous évoquions plus haut : celle de la contribution. **Un collaborateur peut résister tant que cela ne nuit pas à la contribution globale.** Cela signifie qu'il doit vérifier, avant de prendre une décision, qu'elle est cohérente avec la stratégie de l'entreprise. C'est d'ailleurs là où il peut avoir besoin de l'aide de son manager qui a souvent une vue d'ensemble plus large.

Par ailleurs, il peut arriver que, pour des raisons de confidentialité, certaines décisions ne puissent pas être justifiées. Le manager doit pouvoir dans ces moments exceptionnels faire valoir des arguments d'autorité.

Enfin, de façon générale, **ce qui compte est moins la décision qui a été prise que la procédure utilisée pour la prendre.** En effet, lorsqu'un collaborateur choisit de ne pas appliquer une règle commune ou de ne pas faire comme son patron le lui a demandé, il s'agit de comprendre comment ce dernier a pris sa décision : de quelle façon il fixe ses priorités, comment il a testé les différentes alternatives, etc.

On observe d'ailleurs cette capacité de résistance dans la relation au client chez certains fournisseurs, et d'une manière plus générale chez certains titulaires de formes de travail ne ressortissant pas du salariat, lequel implique un lien de subordination permanente. En disant cela, notre propos n'est pas d'encourager tous les salariés à devenir des travailleurs indépendants, mais de pointer la confusion que l'on fait entre les notions de subordination (lien de dépendance) et d'obéissance.

La résistance, on l'aura compris, ne consiste pas à refuser le système global mais, au contraire, à pouvoir y adhérer en le faisant évoluer.

Le confort des managers ou l'efficacité du système

Arrivé à ce stade de la démonstration, on peut se demander pourquoi les managers n'encouragent pas plus les collaborateurs à leur résister. Ils ont tout à y gagner : initiative, créativité, réactivité, adaptabilité. Lorsqu'on leur expose les intérêts d'avoir des collaborateurs moins obéissants, ils en conviennent volontiers. Ils admettent aussi que l'attitude de leurs équipes dépend principalement de leur propre comportement. Alors pourquoi ne changent-ils pas ? Au-delà de la difficulté qui existe toujours face au changement, il nous semble que ces résistances viennent principalement du besoin de contrôle.

La culture managériale repose assez largement sur la représentation que ce qu'on demande avant tout au manager, c'est de contrôler ce qui se passe dans ses équipes. C'est rassurant pour tout le monde. Le manager décide de tout et ses propres hiérarchiques savent qu'ils peuvent compter sur lui.

Ne plus contrôler en direct est l'un des sujets essentiels du développement des managers.

« N'obéissez plus ! »
en pratique

Comment, de façon pratique, opérer
les mutations indispensables pour
que chacun puisse construire une
relation épanouissante
avec l'entreprise ?

Pour les managers la donne devient plus complexe : des collaborateurs auxquels on demande de ne plus obéir, une organisation qui les dépossède de leur territoire et en partie de leur rôle de filtre de l'information, un environnement qui en raison de son évolution remet en cause la confiance qu'on peut avoir dans ce qu'ils disent : que leur reste-t-il et quel rôle auront-ils à l'avenir ?

La fonction managériale est soumise à une double contrainte. Du fait des nouveaux enjeux et de la complexité des systèmes et des collaborateurs à gérer, cette fonction inquiète. Régulièrement, des dirigeants nous font part de leur surprise de constater que des collaborateurs brillants refusent des postes de management pour rester dans un domaine d'expertise. D'un autre côté, le « label manager » demeure, dans la plupart des entreprises, le seul moyen pour « faire carrière ». Il permet une évolution de poste et de rémunération qui assure la progression à laquelle ils peuvent aspirer. Cela explique, en partie, pourquoi il y a si souvent des managers en titre qui font de la technique au lieu de faire du management. Ils ont pris un poste de management uniquement « pour progresser dans leur carrière ». Mais dans le fond, ce qu'ils aiment, c'est développer leur domaine de compétence technique.

Ce monde qui change est parfois tellement désorientant que même les dirigeants de grands groupes y réagissent de façon paradoxale, c'est-à-dire en changeant le moins possible de choses dans leur environnement direct. Cette anecdote, qui nous a été racontée, illustre bien la crispation de certains dirigeants face au monde qui change.

Une initiative désapprouvée

La scène se passe au comité exécutif d'un grand groupe français de dimension internationale. L'appariteur, ayant été convaincu par les vertus d'une nouvelle eau minérale, décide de l'utiliser en remplacement de la classique « Vittel ». Au dernier moment, l'assistante du président réalisant l'audace d'une telle initiative demande à l'appariteur de remettre de la Vittel. Les premiers arrivants étant déjà sur place, ils demandent à l'appariteur de leur laisser la nouvelle eau qu'ils ne connaissent pas et dont ils apprécient le design de la bouteille. Arrive le président, tous les yeux se tournent vers lui, et il interroge sur le sujet de conversation. L'appariteur va alors vers lui pour lui remettre sa Vittel ; le président lui dit :

« C'est bon pour cette fois, mais dorénavant tenez-vous en aux habitudes… »

Pour les collaborateurs, les choses ne sont pas plus faciles. Ils sont en première ligne et ont à faire face à des injonctions contradictoires de leurs différentes hiérarchies. Ils sentent confusément que les évolutions d'environnement changent la donne et les enjeux si vite qu'il leur est difficile de faire confiance dans ce qu'il leur est dit. Dès lors, comment se positionner pour eux dans une entreprise qui offre si peu de visibilité sur l'avenir ? S'ils veulent se projeter, associer leur futur à celui de l'entreprise, ils n'ont pas ou peu d'éléments concrets qui pourraient leur donner une impression de fiabilité : **tout change tellement vite que la parole est en permanence contredite.** Pourquoi s'investir, qu'attendre en retour ? Plus encore : qu'attendent-ils de leur vie professionnelle, notamment dans son interaction avec leur vie personnelle ? Toutes ces questions sont le plus souvent sans réponse. Cela conduit à des attitudes impulsives qui correspondent à des prises de conscience brutales et souvent douloureuses. A ce contexte, s'ajoute un environnement dominé par une compétition, ce qui induit une intensité de pression jugée par la plupart excessive ; on peut s'interroger sur ce qui fait que les collaborateurs continuent de contribuer à la réussite de leurs entreprises.

> *La durée de validité de ce qui est dit est de plus en plus courte.*

Il ne s'agit pas de noircir le tableau mais de bien mettre en évidence qu'il faut repenser les relations dans l'entreprise et plus spécifiquement la relation managériale. Pour cela nous proposons d'aborder le sujet à travers trois axes :

- la nouvelle relation collaborateur/manager ;
- les conditions de la confiance ;
- l'évaluation et la rétribution de la contribution.

Nous invitons chaque entreprise à conduire une réflexion autour de ces trois axes et à trouver ses propres solutions. Nous concevons notre rôle comme une aide à la réflexion que nous essaierons de rendre la plus pratique possible.

1 | FAIRE ÉVOLUER LA RELATION COLLABORATEUR/MANAGER

COMMENT VA ÉVOLUER la relation managériale ? Quels seront les contours de cette nouvelle interaction ? Pour cela, nous allons tout d'abord explorer les déplacements des lignes de positionnement dans l'entreprise, induits par les technologies de l'information et de la communication et les organisations transversales. À partir de ces déplacements d'équilibre, nous ferons le bilan des changements qui touchent à la posture de collaborateur et à celle de manager.

Les positionnements qui bougent

Les acteurs de l'entreprise vont être appelés à se positionner autrement. Il ne s'agit pas de dire que toutes les entreprises seront alignées sur le modèle décrit ci-après, car chacune va avancer à son rythme, en fonction de ses spécificités, mais d'explorer des tendances lourdes.

1er positionnement : le travail en équipe et avec plusieurs équipes

Sur ce registre, deux dimensions vont évoluer :

- La première relève du fonctionnement en projet ;
- La deuxième concerne la dynamique d'équipe et la motivation.

La constitution d'équipes basées sur un projet est d'autant plus facile que les technologies de l'information et de la communication favorisent une communication qui fait fi des barrières géographiques, nationales, fonctionnelles, opérationnelles, juridiques, de métiers. Pour certains, d'ores et déjà, il n'y a plus que des projets, limités dans le temps et qui se succèdent ; chaque équipe n'existe que pour une durée déterminée à l'avance et a vocation à se dissoudre.

Les choses ne vont pas toujours aussi loin, mais **la modularité du cadre de travail doit être intégrée tant par le manager que par le collaborateur.** Cela ne signifie pas la précarité de l'emploi ; la logique du « collaborateur kleenex » que l'on jette après usage est d'ailleurs profondément anti-contributive.

Laisser dans la durée un collaborateur sur une mission permanente, c'est l'enfermer dans un mouroir professionnel.

Mais il y a un danger à enfermer dans la durée un collaborateur sur une mission dite « permanente ». C'est une impasse, un mouroir professionnel. C'est donc surtout ceux qui assurent des fonctions dont l'entreprise a besoin sur le long terme qu'il faut intégrer en priorité à des projets, pour leur permettre de continuer à « apprendre à apprendre ».

La notion d'équipe change. En effet, l'équipe au sens traditionnel symbolise le territoire. Elle se vit sur le mode de l'identité, par rapport au reste de l'entreprise, elle s'identifie au manager. Celui-ci la protège, la défend, la vend au reste de l'entreprise. Il veille à sa stabilité dans le temps, attise au besoin la rivalité avec les autres équipes pour stimuler l'émulation. Au point que, parfois, certains collaborateurs se sentent d'abord appartenir à une équipe avant d'appartenir à une entreprise. La frontière de l'équipe est visible, sa cohérence et sa finalité souvent claires. L'autonomie budgétaire et l'évaluation par objectifs ont encore accentué cette dimension avec une ligne de démarcation qui délimite ce qui est ou n'est pas dans le budget et dans les objectifs.

Les technologies de l'information et de la communication et les organisations matricielles, en réseau, s'opposent à ce mode de fonctionnement traditionnel. En tant que chef de produit, à quelle équipe j'appartiens ? À celle du pays dans lequel je travaille ou à l'équipe marketing groupe ? Aux deux évidemment, donc à aucune des deux au sens traditionnel de l'équipe.

Dès lors, le manager perd une partie de ce pouvoir très fort qui lui permet de décider quasiment seul de l'évolution de la rémunération de ses collaborateurs. Ils dépendent dorénavant de plusieurs hiérarchiques qui pondèrent le résultat final.

2ème positionnement : la multiplication des situations de crise ou d'urgence

Il est probable qu'il y aura de plus en plus d'inattendus, surtout dans des organisations qui seront en changement permanent. **Un nombre croissant d'informations et d'interlocuteurs, c'est plus de problèmes potentiels. Il conviendra de les résoudre à l'échelon le plus bas, ce qu'on appelle le principe de subsidiarité.** Ce qui sollicitera plus souvent les collaborateurs comme les managers dans la recherche de solutions et dans le contrôle de leurs émotions.

3ème positionnement : la fin des interfaces filtrantes

Parallèlement, il y aura de moins en moins de filtrage relationnel et informationnel via l'interface du manager, pour de simples raisons de volume de flux. Ce qui nécessite que l'ensemble des acteurs entre dans une logique de facilitation de la communication. **Pour les uns, ça veut dire s'exposer plus, pour les autres, c'est accepter de perdre du contrôle.**

4ème positionnement : la stratégie en tant que bien commun

Dans le maelström informationnel et relationnel des nouvelles organisations, s'il existe un seul repère, c'est celui-ci. La compréhension et l'intériorisation de la stratégie par chacun sont incontournables. Autrement, les acteurs n'ont plus de direction. **L'apport de valeur n'a de sens que par rapport à la stratégie, qui devient le « bien commun » à toute l'entreprise.** Par conséquent, plus personne n'en est le dépositaire exclusif (à partir du moment où elle a été définie, ce qui reste le rôle du dirigeant) ; cela signifie que tout le monde peut s'en faire le vecteur.

5ème positionnement : la difficulté à trouver du sens

L'exigence de structurer le travail autour d'un sens commun est le positionnement managérial qui va le plus changer au cours des années à venir. La question mérite d'être développée.

Le sens que l'on trouve dans son travail reposait jusqu'à présent sur deux aspects. Le premier, c'est le comportement du dirigeant. Il est marqué par une certaine exemplarité : le dirigeant fait ce qu'il dit et s'applique à lui-même ce qu'il demande aux autres. Mais son comportement est aussi l'expression de sa marge de manœuvre : le dirigeant montre comment, dans un environnement de contraintes, il fait des choix qui ne sont pas seulement dictés par les circonstances mais s'intègrent dans une logique stratégique.

Le second pilier du sens que l'on peut trouver dans le travail, c'est la bonne compréhension des enjeux de l'entreprise et de la place que chacun y tient. Dans ce registre, la donne se complique singulièrement. La rapidité d'évolution du contexte, la complexité des entreprises et la part cachée des intentions des dirigeants donnent actuellement, dans la plupart des grands groupes, un sentiment de confusion aux collaborateurs.

Or, **cette impression confuse de ne pas comprendre réellement les enjeux ou de prêter des intentions inavouées aux dirigeants est l'un des éléments les plus démobilisateurs.** Elle touche tous les niveaux hiérarchiques. Dans nos contacts avec les dirigeants, il est toujours étonnant de constater que, quelle que soit leur proximité avec le président, ils s'interrogent sur ses intentions réelles et doutent presque toujours de l'authenticité de son discours. Mais les enjeux personnels du président sont loin d'être le seul élément d'incertitude qui pèse sur l'avenir de l'entreprise. Actionnaires, concurrents, renversements de tendances économiques ou humeurs boursières font le reste.

L'attirance des salariés vers les PME ou pour les start-up relève en partie de la plus grande visibilité des enjeux, du fait de la taille ou du projet à court terme. On a interprété la réticence des jeunes à vouloir s'engager dans l'entreprise comme le désir de maintenir un bon équilibre entre leur vie personnelle et leur vie professionnelle. En fait, lorsqu'ils sont dans des start-up, ils s'investissent à fond dans l'entreprise, vacances et nuits comprises. On peut donc faire l'hypothèse qu'en fait, ce qui les freine à s'engager dans les grands groupes, c'est qu'ils ont du mal à faire coïncider leurs enjeux avec ceux de l'entreprise. Ces questions sur les enjeux ne touchent pas les start-up de la nouvelle économie. Il est vrai que pour la plupart de ses acteurs les enjeux sont parfaitement simples : participer à l'aventure d'une création et gagner vite beaucoup d'argent. La simplicité du modèle start-up peut donc se résumer de la manière suivante : pas d'avenir et beaucoup d'argent. L'avantage, c'est que tous les salariés sont dans la même logique, qu'ils soient dans le groupe des fondateurs ou assistants, et ils le savent. L'ensemble de l'équipe prend un risque ensemble et gagnera ou perdra ensemble, mais en aucun cas l'un tirera son épingle du jeu sans les autres. Dans ce cadre, l'expérience semble prouver que l'on peut considérablement augmenter la pression, notamment sur la quantité de travail. Tous semblent l'accepter comme si c'était naturel, sans vraiment s'en plaindre. C'est la règle du jeu. Tout le monde suit.

Dans toute autre entreprise, du fait de la différence d'âge, de la différence d'intérêt, de la différence d'ancienneté, les enjeux sont au moins partiellement divergents. Si, de plus, l'enjeu de l'entreprise elle-même n'est pas clair, les collaborateurs ne savent plus à quoi ils peuvent se fier pour l'avenir. Or, **la question du sens est liée à la possibilité de se projeter dans un avenir commun. Ou du moins un avenir qui s'articule avec les aspirations propres de chaque collaborateur.**

C'est là que les choses se compliquent encore. Bien souvent les collaborateurs eux-mêmes ne sont pas très clairs sur ce qu'ils attendent de l'entreprise. Ils sont souvent très ambivalents.

Lors d'une mission que nous faisions dans ce qu'il est convenu d'appeler l'un des « big five », c'est-à-dire un des cinq premiers cabinets d'audit mondiaux, notre commanditaire nous expliquait que le système ne fonctionne plus aussi bien. En effet, jusqu'à présent, les jeunes auditeurs épousaient le modèle des anciens. La plupart d'entre eux rêvaient de devenir « partner » un jour, ce qui permettait à l'entreprise de sélectionner les meilleurs pour grimper les échelons. En fait, ce n'est pas qu'ils n'ont pas envie d'être « partner », c'est qu'ils ne veulent pas de la vie qui va avec et qui a permis à leurs aînés de le devenir. Ce n'est que l'une des ambivalences si nombreuses qui sont présentes chez la plupart des salariés d'aujourd'hui.

Prenons quelques exemples. Les deux principaux souhaits des jeunes salariés sont d'avoir de l'autonomie dans leur travail (ce qui tombe bien) et, en même temps, de préserver un équilibre entre leur vie personnelle et leur vie professionnelle. Or, il est clair que ces deux aspirations sont très difficiles à concilier. En effet, plus un collaborateur dispose d'autonomie, plus il a tendance à empiéter sur sa vie personnelle pour mener à bien sa mission professionnelle. La seule limite réside souvent dans les moyens disponibles pour travailler. Certains dirigeants l'ont bien compris qui équipent leurs collaborateurs d'outils de travail connectés permettant de travailler chez soi ou en voyage. Ainsi, où qu'ils soient, ils peuvent (ils doivent ?) travailler. **Plus on a donné de liberté au collaborateur, plus il se sent responsable d'aboutir.** Le fait de travailler en dehors de ses heures de travail ne représente plus un conflit qu'il pourrait avoir avec son patron, il l'a avec lui-même et il est vite arbitré en faveur de sa réussite professionnelle. Car, bien souvent, la pression est beaucoup plus forte dans ce domaine qu'elle ne l'est dans la vie personnelle pour respecter ses champs de vie. Au jour le jour, le travail est vécu comme une priorité, dans la mesure où il semble indispensable et précaire, alors que la vie personnelle paraît stable et permanente. Il sera toujours temps de s'y investir. Il est « normal » de faire passer l'urgence de la vie professionnelle avant l'importance de la vie personnelle. Ce n'est pas vécu comme une opposition, juste un arbitrage de circonstance. **D'urgence en urgence, les salariés se font ainsi piéger : ils n'ont pas suffisamment consacré de temps et d'énergie à ce qui leur paraissait important.** Lorsqu'ils le réalisent, cela induit une forte anxiété et un malaise par rapport à la vie professionnelle, sans qu'ils puissent bien en expliquer les tenants et aboutissants. Selon les personnalités, ils s'en veulent, en veulent à leur entreprise ou à leur compagnon de vie qui a souvent tiré les conséquences de leur choix d'investissement.

Un collaborateur ambivalent sera toujours insatisfait.

Autre ambivalence que l'on trouve chez les jeunes salariés : ils insistent pour avoir du « fun » dans leur travail, c'est-à-dire de l'amusement et du plaisir, mais ne veulent surtout pas trop s'impliquer dans ce qu'ils font. Or, **le plaisir est proportionnel à l'implication affective et émotionnelle que l'on met dans une activité.** Lorsqu'on souhaite garder ses distances, on a nécessairement moins de satisfaction et de plaisir. Ici encore, l'ambivalence n'est pas identifiée par les sujets eux-mêmes. **Ils se laissent donc prendre par le système dans lequel ils évoluent** et prennent conscience brutalement qu'ils ne vivent pas la vie qu'ils souhaitaient.

Enfin, les ambivalences sont parfois du côté du manager, qui attend de ses collaborateurs une obéissance et qui souhaite qu'ils prennent des initiatives.

6ᵉᵐᵉ positionnement : la capacité à changer à changer en tant que facteur de légitimité

Plus que jamais, le développement des individus est un enjeu essentiel pour les entreprises. Pas seulement pour des raisons de compétitivité, mais déjà pour fidéliser le collaborateur, en lui permettant de se sentir bien dans l'entreprise. Développement ne signifie pas seulement formation, loin s'en faut. Il s'agit d'une dynamique qui vise à se maintenir dans un mouvement de progrès.

Le développement du business relève de la même logique : ne jamais s'arrêter à ce qui marche. Progresser ne signifie pas qu'on change sans cesse du tout au tout, qu'on ne capitalise pas sur un savoir-faire, une technique, une méthode ou des succès. **Progresser, c'est préserver une disposition d'esprit qui maintient une dynamique,** c'est se demander régulièrement : « Que cela fonctionne bien ou moins bien, dans ce qui est fait aujourd'hui, qu'est-ce qui doit changer ? » Rien de plus redoutable que le succès pour justifier l'immobilisme. **Contrairement à l'adage, une équipe qui gagne change.**

> *Une équipe qui gagne change.*

Ne plus se donner les moyens de changer, c'est commencer à se figer. Dans le domaine personnel, c'est le vieillissement psychique. Dans le domaine économique, c'est le début de la fin.

Conséquence de tout ceci : la légitimité de l'individu dans l'entreprise reposera, pour une part de plus en plus importante, sur sa capacité à changer et à s'adapter. Symétriquement, la capacité d'une entreprise à former, à développer, à faire progresser ses collaborateurs va prendre une part croissante dans l'attrait qu'elle exerce.

Les lignes de positionnement qui bougent

• Implication dans des projets différents, et travail avec des équipes différentes.

• Exposition à plus de problèmes ; implication dans la résolution des difficultés.

• Disparition des interfaces filtrantes et protectrices.

• Appropriation collective de la stratégie.

• Difficulté à trouver du sens.

• Capacité de changer et de faire changer, facteur de légitimité et d'attractivité.

Ce qui change pour le collaborateur

1er positionnement : faire le deuil de la stabilité de l'équipe et accroître son autonomie psychique

Le sens du changement est souvent difficile à comprendre pour les collaborateurs. Pourquoi changer quelque chose qui marche ? À quoi bon essayer des choses que l'on a déjà essayées avant ? À quoi rime cette frénésie de ce qui paraît être le changement pour le changement et qui semble n'avoir aucune finalité ?

C'est bien de l'adaptabilité que l'on demande avant tout au collaborateur. S'adapter à de nouvelles équipes, à de nouveaux modes de travail, à de nouveaux lieux de travail, à de nouveaux managers... **Le deuil à faire est celui de la stabilité, celui de l'acquis sur lequel on capitalise longtemps.** Cette adaptabilité suppose une succession de changements, donc de renoncements à l'investissement dans le projet précédent pour se réinvestir dans le suivant : **il convient pour cela d'apprendre** à **gérer son implication affective.** Plus un collaborateur est motivé par une tâche, plus il s'assimile à sa tâche, plus il lui est difficile d'y renoncer pour s'investir dans une nouvelle activité[1]. De même que la douleur induite par la rupture est proportionnelle à l'intensité de l'amour, de même le renoncement est plus difficile lorsqu'on est motivé par ce que l'on fait.

En fait, au-delà des compétences techniques, l'entreprise demandera de plus en plus à ses collaborateurs de disposer d'une méthode d'apprentissage. Certaines commencent d'ailleurs à être attentives à cette dimension dans leur recrutement.

Cela étant dit, le changement n'est jamais du tout au tout. Ce serait encore une représentation dichotomique. Ce dont nous parlons, c'est d'*ajustements permanents* qui, la plupart du temps, ne remettent pas en cause l'ensemble de ce que fait un collaborateur mais une part de son activité. **Plus on pratique les ajustements successifs, moins on a besoin de changements radicaux et brutaux.**

Le collaborateur doit apprendre à avoir une plus grande autonomie dans son travail, mais cette autonomie est surtout psychique et affective. L'équipe pour lui, c'est avant tout un lieu rassurant dans lequel se créent des liens affectifs. C'est là que se décident son avenir et son niveau de rémunération. Le lien est d'abord avec son « boss ». S'il lui est fidèle, il aura en échange sa protection et son soutien. Mais c'est aussi un lien avec les autres membres qui cimente la sensation d'appartenir à une communauté à taille humaine.

---

1. *Au lieu de motiver, mettez-vous donc à coacher.*

Les collaborateurs appartiendront de plus en plus à des équipes à durée de vie limitée (projet) ou seront membres de plusieurs équipes à la fois. Parfois même, ils cumuleront les deux. C'est là que l'autonomie psychique est importante. **Il leur faudra apprendre à ne pas se sentir en permanence dépendants du regard des autres, à pouvoir se mettre en position de compétence, donc de prise de responsabilité ou d'initiative.**

En cas d'appréciation divergente avec un membre de sa hiérarchie sur la manière dont doivent se gérer les priorités, le point de référence est la stratégie. Mais, évidemment, on peut avoir des interprétations différentes sur la manière dont elle doit se décliner. Il est clair que dans ce cas, c'est au responsable hiérarchique que revient le soin de trancher, sans pour autant être dispensé de justifier ses choix.

Le collaborateur peut aussi se trouver « pris entre deux feux » de responsables hiérarchiques qui ne s'expliquent pas entre eux et l'utilisent comme support de leur conflit. Pour parer à ce risque bien réel, si le conflit dure, il paraît utile de lui donner l'accès au niveau n + 2. Un mail suffit à expliquer en quoi il se trouve dans une situation d'injonctions contradictoires. À partir du moment où un désaccord impliquant deux acteurs induit un dysfonctionnement qui est connu de l'entourage professionnel, il est difficile de ne pas le traiter. Lorsqu'il y a des blocages, il faut le faire savoir, les acteurs trouvent alors des solutions.

Dans les deux cas que nous venons d'évoquer, il est important que le collaborateur « se mouille » en proposant dans un premier temps son propre arbitrage, même si ce dernier n'est pas retenu par la suite, car l'objectif n'est pas de faire systématiquement remonter les désaccords. Ce qui suppose qu'il ne soit pas sanctionné pour « s'être positionné ».

2ème positionnement : face aux difficultés, solliciter une aide à la démarche de résolution

Il faut être exigeant vis-à-vis de son manager.

Le collaborateur va devoir apprendre à faire un autre usage de son manager. De plus en plus, celui-ci devient un support, une aide. **Cette aide, le collaborateur doit la solliciter, l'exiger.** Pour autant, si le manager apporte une aide, il n'est pas là pour résoudre les problèmes à la place de son collaborateur mais pour partager avec lui la démarche de résolution. In fine, le collaborateur doit apprendre à résoudre un nombre croissant de situations induites par les sollicitations toujours plus nombreuses auxquelles il doit faire face.

3ème positionnement : apprendre à arbitrer et à résister, sans interface filtrante et protectrice

En étant en première ligne, **le collaborateur doit acquérir des compétences qui lui permettent d'arbitrer et résister à la pression.** Il doit donc apprendre à analyser les demandes qui lui sont faites en fonction de la stratégie globale qui a été définie ; puis à décider en concertation avec ses interlocuteurs ; enfin, à savoir dire non à un certain nombre de pressions qui pèseront sur lui. Ici encore, on voit qu'il peut moins compter sur son manager et qu'il doit remplir une fonction nouvelle pour lui.

4ème positionnement : intégrer et s'approprier la stratégie

Pour être sûr d'apporter de la valeur ajoutée à l'entreprise, le collaborateur doit en permanence pouvoir faire le lien entre ce qu'il fait et la stratégie globale. Il est essentiel que les choses soient très claires pour lui. Cela suppose qu'il interroge son manager et qu'il ne manque pas une occasion de vérifier qu'en pratique, il a bien compris à quoi correspond ce qu'il fait.

Autonomie va avec prise de risque. Il est parfois bien confortable d'avoir un manager qui n'hésite pas à décider sur tous les sujets. On le laisse faire et, en cas de difficulté, on lui renvoie sa décision. Là encore, le collaborateur va être de plus en plus souvent en première ligne des décisions à prendre. On attend de lui qu'il agisse sans avoir à en référer en permanence à sa hiérarchie. Le mail est aujourd'hui très largement utilisé à tous les niveaux de l'entreprise pour se « couvrir ». En envoyant un mail informant des options que l'on a prises à son manager, on part du principe qu'en l'absence de réaction de sa part, il consent. En cas de difficulté, on pourra toujours lui dire qu'il était d'accord, puisqu'il n'avait pas réagi au mail. Cet usage du mail repose sur le principe implicite qu'un manager informé est responsable.

Autonomie va avec prise de risque.

Ce qui dédouane le collaborateur de sa propre responsabilité. Il est probable que cette pratique ait trouvé ses limites. En fait, le manager ne pouvant assumer toutes les responsabilités dont on cherche à l'investir, personne ne le fait vraiment. **On demandera à l'avenir au collaborateur de prendre les risques lui-même.**

5ème positionnement : trouver du sens et clarifier ses attentes

Ce que le collaborateur va devoir faire pour trouver sa place dans une organisation complexe, c'est avant tout être au clair avec lui-même sur ses attentes. Nous savons que l'ambivalence peut conduire à l'anxiété et au malaise. Surtout, elle conduit l'individu à ne plus décider lui-même mais à laisser son environnement choisir à sa place la manière dont il alloue son énergie et son temps.

Il lui faut sortir d'une attitude d'attente passive qu'il a souvent vis-à-vis de l'entreprise. Combien de fois les gestionnaires de carrière ont-ils entendu comme réponse à leur interrogation sur les souhaits pour l'avenir : « Je ne sais pas ce qu'on peut me proposer » ? Autrement dit, je n'ai pas de souhait propre, j'attends de l'entreprise qu'elle m'ouvre le champ des possibles et je déciderai en fonction. Moyennant quoi, ce qui est proposé ne convient jamais exactement, tout simplement parce que le collaborateur n'a pas mûri sa propre réflexion et n'a donc pas levé ses propres ambivalences ou trouvé un point d'équilibre entre des contradictions personnelles, somme toute naturelles.

> *Ne pas comprendre, c'est perdre le contrôle de son environnement et c'est ne pas pouvoir s'y positionner.*

De plus, le collaborateur doit se montrer beaucoup plus exigeant sur les explications qu'on lui donne pour comprendre les enjeux de l'entreprise. Il ne s'agit pas pour lui d'être d'accord sur la stratégie – s'il fallait que tous les collaborateurs partagent les options de la direction générale sur la stratégie, peu d'entreprises fonctionneraient – mais d'en saisir les grandes lignes, les tenants et aboutissants. **Ne pas comprendre c'est perdre le contrôle de son environnement et c'est ne pas pouvoir s'y positionner.**

6ème *positionnement : apprendre à changer, apprendre à apprendre*

Rien n'est acquis, il faut apprendre à se développer et à progresser en permanence. Les collaborateurs ont souvent tendance à considérer cela comme un diktat insupportable de leur entreprise ou de leur manager. En fait, **il est clair qu'en les sollicitant pour être dans une dynamique de changement, on leur permet de maintenir au mieux leur employabilité. Celle-ci sera de plus en plus liée à la polyvalence et à la capacité de s'adapter vite aux changements.**

Il s'agit donc pour chacun d'avoir une représentation positive du changement et de sortir de cette approche négative ou défaitiste que l'on constate souvent. Si l'on creuse la représentation, il y a souvent la crainte que l'entreprise en demande toujours plus, donc que les objectifs soient de plus en plus difficiles à tenir. Et c'est le cas dans certaines entreprises. En fait, **la bonne demande est plus de l'ordre du « toujours un peu autrement, toujours un peu différemment ».** Pour d'autres, il y a la peur de « ne jamais y arriver ». Il s'agit alors d'apprendre à changer. **C'est une compétence comportementale que chaque salarié peut acquérir par la formation,** afin de participer et de contribuer aux organisations apprenantes.

Le moins qu'on puisse dire, c'est que le collaborateur va se retrouver psychiquement exposé dans les nouvelles organisations, avec peu de filtres protecteurs. Ce qui explique que nombre de salariés ont l'impression de « disjoncter » dans les structures matricielles. Moins de stabilité, plus d'autonomie, plus de problèmes à résoudre, de l'arbitrage et de la résistance, du changement permanent. Pour y être à l'aise, **il lui faudra être très au clair avec son mode de fonctionnement, apprendre à gérer ses émotions et renoncer à des schémas de fonctionnement qui ont pour seul but de les apaiser immédiatement.**

Ce qui change pour le manager

À l'époque où l'entreprise ne vivait pas encore les mutations profondes que nous constatons aujourd'hui, notre cabinet avait mis en évidence six grandes fonctions du manager dans lesquelles il doit apporter de la valeur ajoutée et requérant de sa part des compétences comportementales ainsi qu'une bonne gestion de ses émotions et de celles de ses collaborateurs[1].

1er positionnement : obtenir le meilleur de ses équipes

La conduite de projet. De plus en plus, le manager doit être un constructeur plus qu'un gestionnaire. Il s'agit de moins en moins de gérer des systèmes existants et de faire en sorte qu'ils fonctionnent dans la durée. Il faut remettre en cause pour améliorer. Le manager est celui qui doit être le moteur de cette dynamique. Cela signifie que, sur le plan de ses représentations, tout est contextuel. Il lui faut intégrer qu'il n'existe pas de bon système ou de bonne organisation mais un système adapté à un moment donné, qu'il faudra nécessairement remettre en cause dans quelque temps.

La fonction de suivi et de coordination prend de l'importance. **Plus les collaborateurs sont en position d'autonomie, plus**

---

1. *Le Manager est un psy.*

**il est nécessaire de suivre ce qu'ils font de près pour véri-
fier la cohérence de l'ensemble.** Le manager doit donc structurer le « reporting » de façon très proximale. Quelle que soit
la confiance qu'il puisse avoir dans son collaborateur, il est
essentiel qu'il vérifie que celui-ci s'inscrit dans la logique stratégique définie par la direction générale. Il s'agit donc moins
d'un contrôle des actes ou de la manière de faire que d'un contrôle de l'orientation.

La dynamique d'équipe et la motivation. C'est d'abord un
deuil que le manager doit faire. Celui de son équipe à lui. Avec
tout ce que cela comporte de portée symbolique depuis des
années. **Renoncer à être le chef d'une équipe et donc à com-
mander ou plus encore à disposer du pouvoir de contrainte sur le temps de son collaborateur.**

De la distribution d'ordres à la construction d'autonomie.
Plus le système était hiérarchisé plus les collaborateurs avaient
besoin d'ordres. Plus le système fonctionne en réseau, plus les
collaborateurs doivent fonctionner de manière autonome. On
voit très vite que ceux qui continuent, dans les nouvelles organisations, à « donner des ordres » rendent le système ineffi-
cace. Inévitablement, ils mettent leur collaborateur en
contradiction avec ce que demande l'autre manager.

Notre chef de produit dans une filiale rapporte, sur le plan
opérationnel, au responsable de la filiale et, sur le plan fonctionnel, au responsable marketing Europe. Que doit-il faire
lorsqu'on lui demande au niveau fonctionnel d'appliquer les
consignes du groupe et qu'au niveau de la filiale on lui
demande, en raison des spécificités locales, de ne pas le faire ?
Contribuer, dans ce cas, c'est faire soi-même son arbitrage, le
proposer, le défendre, c'est-à-dire prendre des risques.

L'erreur serait de vouloir régler systématiquement le problème entre managers. Ils ne feraient plus que cela : négocier entre eux le temps et la disponibilité des collaborateurs qu'ils partagent. **C'est au collaborateur de négocier en premier lieu avec ses différents managers : il est le mieux placé pour effectuer les arbitrages nécessaires.** Le manager est donc en position d'influence vis-à-vis de son collaborateur, mais le moins possible en position autoritaire. Cela suppose de lui donner les moyens de sa propre autonomie : la capacité à résister, l'exigence d'être convaincu de l'utilité de ce qu'il fait et la possibilité de négocier avec son manager. Le risque pour le collaborateur vient évidemment de la sanction par le manager qui aurait du mal à supporter cette résistance. Ce risque, réel, est modulé par le fait que le manager n'a plus qu'un poids relatif sur l'évolution de la rémunération. Il est encore plus modulé dans les cas où le manager est aussi évalué par ses collaborateurs. Ce système d'évaluation croisée est un encouragement fort à trouver un mode de fonctionnement entre partenaires qui leur permette de travailler en harmonie.

De la motivation collective à la motivation individuelle. Les ressorts de mobilisation et de cohésion ne peuvent plus être exactement les mêmes. Plus question de construire de la même façon « son » équipe, puisque chacun de ses membres appartient au moins à une autre équipe. De même, il est plus difficile de compter sur la dynamique d'équipe qui porte chacun des membres.

En fait, le manager est obligé de travailler de façon plus individuelle avec chacun de ses collaborateurs directs pour compenser ce que l'équipe n'apporte plus de la même façon. Il lui faut trouver individuellement les ressorts de la motivation de chaque collaborateur. L'aider à trouver ses marques dans un système complexe. Lui permettre de gérer son implication affective.

Perdre l'illusion que les autres sont d'accord avec soi. Il est exceptionnel de trouver quelqu'un qui partage complètement ses propres positions ou avis. Lorsqu'on pense que c'est le cas, c'est souvent que l'on n'a pas approfondi la question. On s'est contenté d'une illusion de consensus. C'est souvent ce qui se passe avec les collaborateurs qui n'ont pas contredit leur manager lorsqu'il a affirmé une position, soit parce qu'ils n'y avaient pas réfléchi eux-mêmes, soit parce qu'ils n'ont pas considéré que c'était le moment d'échanger sur le sujet.

> *Sanctionner l'expression des désaccords, c'est s'enfermer dans la dangereuse illusion d'une fausse cohésion.*

Le risque est qu'implicitement le manager exprime qu'il considère que le débat est clos. Il verrouille la parole. Les collaborateurs peuvent alors avoir l'impression que dire son scepticisme est dangereux pour eux, car ils pourraient être sanctionnés.

Il est essentiel de faire comprendre à tous qu'il n'y a pas de délit d'opinion, qu'il est habituel de ne pas être d'accord a priori. Précisément les échanges servent à mettre en évidence les représentations et à les faire évoluer.

La parole ne doit jamais être sanctionnée.

2ème positionnement : être le recours dans les situations de crise ou d'urgence

Le manager apporte de la valeur ajoutée dans les situations inattendues. Lorsque l'organisation qu'il a mise en place dysfonctionne, il est un « facilitateur » pour trouver les solutions. Le principal atout qu'il possède alors est le recul qu'il est censé avoir par rapport à l'expert. Ce dernier, qui doit « faire », à bien souvent le nez dans le guidon. L'événement inattendu provoque une forte émotion qui peut le gêner pour trouver des solutions. De plus, le manager a une vision d'ensemble qui favorise l'émergence de la bonne solution.

Les nouvelles organisations vont solliciter bien plus souvent cette fonction du manager. **Rappelons que l'une de ses principales valeurs ajoutées est d'aider à la régulation des émotions et à faire trouver aux collaborateurs des solutions.**

3ème positionnement : être à l'interface

Ce qu'on demandait traditionnellement à un manager, c'était notamment d'assurer l'interface entre son équipe et le reste de l'entreprise. Assurer l'interface consiste à arbitrer en permanence entre des pressions contradictoires pour hiérarchiser les priorités et résister à la pression. Cette fonction, comme nous l'avons vu plus haut, relève de plus en plus du collaborateur lui-même. C'est lui qui doit faire ses propres arbitrages et apprendre à résister à la pression. C'est-à-dire à ne pas se laisser prendre par des arguments d'autorité systématiques.

> *La valeur ajoutée du manager est d'être en seconde ligne.*

De même que la motivation est plus individuelle, l'interface assurée par le manager concerne moins son équipe dans sa globalité que chacun de ses membres. **Il demeure, pour son collaborateur, un soutien, un facilitateur dans les interactions de ce dernier avec le reste de l'entreprise.** La valeur ajoutée du manager est d'être en seconde ligne. Lors de difficultés ou de conflits, il aide, dans un premier temps, le collaborateur à réfléchir sur son propre mode de fonctionnement et, dans un second temps, il peut être amené à faciliter le règlement de conflits éventuels.

Le rôle d'interface pour l'équipe dans sa globalité ne disparaît pas complètement. Il demeure pour tous les sujets qui concernent le secteur dont le manager a la charge, pour le budget, les mobilités, etc.

4ème positionnement : définir la stratégie et décider

La stratégie. S'il est un domaine traditionnellement réservé à celui qui est en position managériale, c'est bien la stratégie. Elle se définit effectivement au sommet de l'entreprise. C'est le domaine que les dirigeants ne peuvent pas déléguer. De par leur vision globale, leur responsabilité est de définir une stratégie globale qui les engage. Elle doit être diffusée à tous les niveaux de l'entreprise pour construire une action cohérente de l'ensemble. C'est là, jusqu'à présent, que chaque manager avait un rôle de déclinaison de cette stratégie au secteur dont il avait la responsabilité. Si cela reste identique dans le principe, en pratique, il ne doit plus être le détenteur exclusif de la stratégie, comme cela était fréquent, mais doit veiller à ce que chacun de ses collaborateurs se la soit appropriée.

Plus que jamais le manager prend le rôle de pédagogue. Plus ses collaborateurs sont autonomes, plus il est nécessaire qu'ils aient compris ce que l'entreprise dans son ensemble cherche à faire, vers où elle veut aller. Il n'y a que comme cela qu'il pourra y avoir une action intelligente dans son arbitrage entre les priorités.

Dans beaucoup de grands groupes, on est loin du compte. Les directions générales de filiales ont elles-mêmes du mal à s'approprier la stratégie globale du groupe. Alors, pour ce qui est de la décliner, c'est évidemment peu mis en pratique. Cela peut conduire à de la défausse managériale, où certains sont tentés de laisser les n - 1 assumer ces arbitrages. Même si elle doit être intégrée par tous, le manager reste une référence en matière de stratégie.

La décision. Sur ce plan, le manager n'apporte de la valeur ajoutée que lorsqu'il y a un risque à prendre, que la décision engage plusieurs unités et qu'elle est prise en concertation avec elles. Dans ce cas, il doit avoir pris la précaution de consulter ses collaborateurs avant.

En revanche, **la plupart des décisions de la vie quotidienne doivent être prises par ses collaborateurs. En cas de doute, ils peuvent s'appuyer sur leur manager pour partager avec lui le risque.** Au quotidien, c'est donc un renoncement que le manager doit faire. Renoncer à donner son avis dès que son collaborateur le lui demande, de façon à se décharger sur lui de la prise de responsabilité. Le manager a, la plupart du temps, un avis sur les questions auxquelles doit faire face son collaborateur et il doit se garder de le donner.

5ème positionnement : donner du sens

En matière de communication et d'explication sur les enjeux de l'entreprise, il n'y a rien de nouveau, si ce n'est qu'il est plus que jamais essentiel que chacun trouve sa place dans la complexité de l'organisation. L'émotionnel et l'irrationnel arrivent lorsqu'il n'y pas d'explication rationnelle pour comprendre. Une fois que les choses se sont enclenchées dans ce registre, il est très difficile de faire adhérer les collaborateurs aux explications rationnelles que l'on prend alors le temps de leur exposer. **Il s'agit**

bien de donner aux collaborateurs les moyens d'une maî-trise intellectuelle du système dont ils sont acteurs.

Le manager doit aussi s'assurer que tous ses collaborateurs ont compris de quelle façon il devait décliner les enjeux globaux à son niveau. C'est cela qui donnera du sens à ce qu'il fait dans la vie quotidienne. Plus en amont, le manager doit aider le collaborateur à sortir de ses ambivalences pour qu'il sache ce qu'il souhaite. Le flou induit des passages à l'acte impulsif : démission sans raison sérieuse apparente, refus d'une promotion préparée depuis des mois, brusque sentiment de se sentir exploité par l'entreprise, induisant un ressentiment, etc. Terminée cette période pendant laquelle la seule chose qui comptait était la disponibilité que le collaborateur donnait à l'entreprise. On mesurait alors la motivation au sacrifice des autres champs de vie. Le rôle du manager était alors de solliciter en permanence le collaborateur pour qu'il donne toujours plus de lui-même. L'assimilation aux coachs sportifs a encore accentué ce phénomène. **Demain, le manager ne pourra plus faire comme si son collaborateur devait tout donner pour l'entreprise.** Cela lui reviendrait comme un boomerang à la figure si le collaborateur avait le sentiment de se faire exploiter. Reste à savoir si ses aspirations sont en concordance avec ce que peut lui donner l'entreprise. Il arrive souvent qu'il existe un désaccord sur ce point. Il vaut mieux qu'il soit explicité d'emblée plutôt que de laisser un doute implicite. Ce doute aboutit la plupart du temps à une rupture, souvent accompagnée d'un ressentiment réciproque.

6ème positionnement : développer ses équipes et le business

Il doit assumer la responsabilité de mettre chacun de ses collaborateurs dans une dynamique. Ce qui signifie que, tous les ans, il devra rendre des comptes sur leurs progrès. Souvent, il considère, notamment pour les collaborateurs qui ont des missions permanentes plus que des projets (comme les assistantes), qu'il ne peut rien faire d'autre qu'évaluer les résultats. S'il ne met pas ces collaborateurs dans la perspective de changer certaines de leurs pratiques, d'apprendre, il aura beaucoup de mal à leur faire vivre le changement.

En effet, **le manager est à la fois un développeur, un stabilisateur et un déstabilisateur.** C'est lui qui remet en cause les habitudes et les process de travail ; c'est lui qui pousse aux changements et aux améliorations permanentes ; c'est lui qui oblige son équipe à être en mouvement. En développant chacun des collaborateurs, il leur permet de faire face à cette remise en cause répétée de leur manière de faire. **Il ne suffit pas toutefois de déstabiliser, il faut aussi accompagner le changement.** C'est-à-dire désamorcer les émotions qui y sont associées et le décomposer en petites étapes possibles à atteindre.

En somme, le manager est encore plus « psy » qu'auparavant. Mais surtout il doit se départir d'une attitude de protection pour être dans celle du développeur. **Plus que jamais, son rôle est de « révéler » ses collaborateurs.** D'abord à eux-mêmes pour qu'ils ne restent pas dans des ambivalences qui les piègent. Ensuite à l'entreprise pour qu'elle les développe et les aide à toujours progresser. Tout cela suppose de revisiter très largement leurs critères d'évaluation.

2 | PASSER DU TERRITOIRE À LA CONFIANCE

LA RELATION HIÉRARCHIQUE est maintenant plus claire, les rôles de chacun étant à peu près définis. Pourtant, l'organisation ne peut fonctionner sans confiance. Jusqu'à présent le territoire permettait de se sécuriser. C'était un espace dans lequel je pouvais trouver (ou pas) des raisons de faire confiance au système dans lequel j'évoluais. Comme l'un des enjeux des nouvelles organisations est de casser les territoires, la question de la confiance se pose plus que jamais au premier plan.

La confiance n'est jamais totale

Du moins, elle ne devrait pas l'être, car cela ouvre la voie à l'abus de confiance. Généralement, lorsque nous parlons de confiance, nous raisonnons en tout ou rien. Nous avons confiance ou nous n'avons pas confiance. C'est d'ailleurs souvent avec cette représentation que les collaborateurs interpellent leurs managers qui demandent à contrôler ou à vérifier : **« Si tu veux contrôler, c'est que tu ne me fais pas confiance. »**

Or la confiance n'est ni totale ni définitive. Elle a besoin de se nourrir, de s'entretenir et n'a pas besoin de concerner tous les domaines. Je fais confiance à mon assistante pour parfaitement noter tous les messages me concernant mais pas pour expliquer en détail le contenu d'une mission à un dirigeant. Je pense que tel collaborateur est honnête mais il pourrait être tenté de gonfler certaines notes de frais.

Il n'y a pas de confiance rationnelle sans contrôle.

Il importe d'expliciter avec ses collaborateurs le cadre dans lequel peut se construire, mais surtout s'entretenir une confiance mutuelle. Comme nous allons le voir, les évolutions à venir tendent toutes à réduire les conditions de la confiance. Il ne s'agit pas de chercher à ce qu'elle devienne totale mais à la maintenir à un niveau suffisant pour que la collaboration puisse se faire dans de bonnes conditions.

Le territoire protège

Un président nous disait : « Le territoire, c'est dans les gènes de l'homme, c'est inévitable qu'il s'en constitue un. » En disant cela, il avalissait l'idée selon laquelle le management repose nécessairement sur un territoire. Dès lors, son rôle de président consistait principalement à réguler les problèmes de territoire entre ses principaux collaborateurs. Nous ne souhaitons pas initier un débat sur l'inscription génétique du territoire chez l'homme. Simplement, nous sommes capables de dépasser ce mode de fonctionnement. C'est bien ce que nous faisons avec la réaction physiologique de peur, autrement, nous passerions notre temps à taper sur la tête de nos collègues ou à les fuir.

Il reste que le dépassement du mode de fonctionnement territorial n'est pas une démarche spontanée : il ne suffit pas de mettre en place de nouvelles organisations, il faut également travailler sur les comportements et les émotions. En fait, nous pensons que s'il y a territoire (domaine d'exclusivité), c'est qu'il y a principalement besoin de se protéger. Dans le langage courant, on parle d'espace vital. L'espace vital est la distance minimale qui doit exister entre moi et les autres pour ne pas me sentir agressé. Il est clair que le fonctionnement qui s'appuie sur un territoire a pour principale fonction de rassurer celui qui s'y trouve. C'est vrai pour le manager qui, par son territoire, se protège à la fois de sa hiérarchie et de ses collatéraux. C'est vrai du collaborateur qui, en échange de loyauté à l'égard du manager, obtient sa protection. Dans son équipe à visage humain, il trouve un réconfort et a une illusion de sécurité rassurante.

La question de l'espace de travail et du bureau est très illustrative du besoin de protection. Les organisations dans lesquelles les collaborateurs sont le plus attachés à leur bureau sont celles dans lesquelles ils se sentent le plus menacés. Pas nécessairement par le licenciement – nous pensons par exemple à la fonction publique – mais par le changement. **Marquer son territoire à travers son espace de travail ne fait que révéler sa fragilité.** Le choix fait par certains patrons de la nouvelle économie de n'avoir pas de bureau mais d'occuper des postes de travail au milieu de leurs collaborateurs en fonction des besoins est l'attitude opposée. Sans aller jusque-là, le fait de rendre accessible son espace de travail à chaque fois que c'est nécessaire et sans permission préalable relève aussi d'une démarche d'ouverture. La logique d'exclusivité se fait sentir sur les autres types de territoire : le contrôleur de gestion de la filiale se méfiera de celui du groupe, le responsable qualité de celui de la fabrication, le chef de l'atelier de traitement des paquets de celui des rotatives, la secrétaire du comptable, la fonction ventes de la fonction recherche, etc.

Celui qui marque son territoire exprime sa fragilité.

Défendre son territoire (c'est à moi, et à personne d'autre) est une manière de gérer de façon active son anxiété. Il en est dans l'entreprise comme dans la société : les populations qui se sentent le plus menacées sont celles qui seront les plus xénophobes ou protectionnistes. C'est ainsi que la mise en place de systèmes en réseau les déstabilise un peu plus et les conduit à avoir une attitude encore plus protectionniste.

Ne pas confondre territoire et champ de responsabilité

Lutter contre les territoires, qu'ils soient géographiques, commerciaux ou techniques, ne signifie pas pour autant que plus personne n'a de domaine de responsabilité et que tout le monde intervient sur tout. La caractéristique du territoire, c'est que quelqu'un en est propriétaire exclusif. Celui-ci défend alors son bien contre ceux qui, de façon directe ou indirecte, cherchent à s'y insérer ou à se l'accaparer. **Dès que l'on est dans une logique de possession, l'angoisse de perte régit des comportements de défense qui vont à l'encontre du travail en commun.**

Le directeur financier continue d'être responsable comme avant, d'avoir un champ de responsabilité où il se doit au minimum d'assurer la coordination de ce qui s'y fait. N'importe qui ne va pas décider de faire tel ou tel placement. En revanche, tout le monde est invité à suggérer, à faire part de ses idées et de ses expériences. Ne pas être un expert du domaine n'interdit en rien de demander des explications pour comprendre. En ce sens, **le champ de responsabilité est un domaine ouvert.**

> *Le champ de responsabilité est un domaine ouvert.*

Cet encouragement à venir sur le « territoire » de l'autre est bien illustré par ce site automobile dans lequel tous les collaborateurs, pour aller à la cantine, sont obligés de traverser toute l'usine. On aurait pu faire le choix, comme c'est fait la plupart du temps (en s'abritant derrière le thème de la sécurité), de faire un itinéraire qui contourne le site de production. Si le choix inverse a été fait, c'est pour que tous entrent au moins une fois par jour dans l'usine pour voir ce qui s'y passe. On encourage les questions pour comprendre, car on fait l'hypothèse qu'un comptable, un secrétaire ou un assistant travailleront différemment s'ils s'inscrivent dans un ensemble dont ils intègrent la logique.

Quel cadre pour la confiance ?

La crédibilité de la parole

« Il y a deux mois, je leur ai dit que l'on ne fermerait pas le site, et maintenant je sais que nous allons le fermer. Le pire, c'est qu'ils m'ont cru et que j'étais sincère au moment où je l'ai dit. Mais New York en a décidé autrement. Ils ont besoin de profits très vite et le plus simple est encore de fermer les activités qui ne rapportent pas directement. »

Le manager qui nous raconte cet épisode n'est même pas vraiment désabusé, il sait que c'est la règle du jeu dans les grands groupes aujourd'hui : **aucune parole n'est réellement crédible** car soit vous pouvez être amené à changer d'affectation et donc à ne plus être là pour la respecter, soit un tiers ou une raison que vous ne contrôlez pas peut vous conduire à faire le contraire de ce sur quoi vous vous étiez engagé.

En somme, soit le système, soit les circonstances peuvent vous amener à tout moment à ne pas faire ce que vous avez dit. Ces dernières années, marquées par les gains de productivité et par les fusions, ont été particulièrement favorables pour prouver aux collaborateurs qu'ils n'avaient aucune raison de faire confiance.

La durée de vie de la parole

La précarité des systèmes dans lesquels nous vivons exacerbe le risque de perte de confiance. C'est l'un des phénomènes nouveaux, les changements évoluent à une telle rapidité que même celui qui est de bonne foi et honnête peut être contredit, voire, pire encore, se contredire lui-même. Il va en effet changer d'avis, et heureusement, car il serait inquiétant qu'il ne tienne pas compte des évolutions. Quid alors de ceux qui sont autour de lui ? Dans l'idéal, il peut expliquer les raisons de son évolution. En fait, il arrive souvent que cette évolution relève aussi de choix personnels. Ainsi ce dirigeant de filiale qui en prenant son poste annonce à ses collaborateurs qu'il restera au moins trois ans et qui au bout d'un an part dans une autre filiale plus proche de sa famille. Entre temps, sa situation personnelle avait changé. Ou encore, ce dirigeant actionnaire majoritaire d'une PME qui répétait à qui voulait l'entendre qu'il ne vendrait jamais, jusqu'au jour où une offre est arrivée plus intéressante qu'il ne l'aurait pensé à un moment où il se sentait las et pas mécontent d'être déchargé de ses soucis de patron.

La parole est comme l'information : elle a une durée de vie de plus en plus courte. Celui qui la prend au pied de la lettre, et surtout qui tient ce qui est dit pour vrai et figé dans la durée, sera nécessairement déçu et aura l'impression d'avoir été trompé.

Le paradoxe de la confiance

Le commerce ne peut fonctionner sans confiance. Les civilisations dans lesquelles les conditions de la confiance n'étaient pas réunies n'ont pas pu se développer économiquement. Or, aujourd'hui, au sein de l'entreprise il n'existe aucune raison rationnelle pour que les différents protagonistes dans l'entreprise se fassent confiance. C'est comme si on faisait plus confiance à ses partenaires extérieurs qu'aux membres de l'entreprise. L'intérêt conjoint avec ses partenaires semble parfois plus évident que dans l'entreprise. On peut bien sûr mettre en avant la réussite de l'entreprise comme source de bénéfice pour tous ses membres, mais justement, dès qu'il s'agit de décider que faire des fruits de ces bénéfices, d'emblée les intérêts divergent.

Confiance à l'extérieur, méfiance à l'intérieur.

Le rapport de force comme base relationnelle

Dans la relation que les entreprises entretiennent avec leurs collaborateurs, il existe toujours une part de rapport de force, imparfaitement matérialisé par le contrat de travail. Ce rapport de force est induit par la différence d'intérêt qui peut exister entre chacun des collaborateurs et l'entreprise. C'est comme cela que l'entreprise a poussé les collaborateurs à s'investir entièrement dans leur travail, toute persuadée qu'elle était que cela améliorerait leur performance. Tant pis si leur vie personnelle devait en souffrir, l'essentiel pour elle est leur vie professionnelle.

Ces dernières décennies, le rapport de force était très en faveur de l'entreprise. Elle imposait et le collaborateur n'avait qu'à accepter. La peur du chômage, soigneusement entretenue par le discours des managers, était telle que le collaborateur avait perdu toute notion même de ce rapport de force. L'impression dominante était d'être soumis aux diktats d'une entreprise toute puissante qui pouvait vous licencier à tout moment. **Cette peur du licenciement a imprégné très profondément les représentations collectives. Au point qu'elle touche aussi ceux qui ne sont pas concernés par ce risque.** À plusieurs reprises, lors de missions que nous avons effectuées dans le secteur parapublic qui ne licencie pas, nous avons trouvé la peur du licenciement chez les collaborateurs.

> *Cette peur du licenciement a imprégné très profondément les représentations collectives.*

Cette représentation induit une anxiété forte. Le licenciement (en dehors des rares cas où il est souhaité) est la situation la pire que le collaborateur puisse imaginer dans sa vie professionnelle. En filigrane, il y a un doute profond de pouvoir retrouver du travail, un doute sur ce que l'on apporte à l'entreprise, une peur du changement tout simplement.

Ces dernières années, on assiste à un rééquilibrage du rapport de force et certains évoquent la revanche des collaborateurs.

Les journaux en parlent, les managers s'en inquiètent, les DRH cherchent des solutions : les collaborateurs ne sont plus fidèles.

Parole de collaborateur

« *C'est incroyable, nous confie le DRH d'une entreprise du secteur des nouvelles technologies, tous les mois, les accords que l'on passe avec les collaborateurs sont remis en cause en fonction de l'évolution du marché. Vous pouvez avoir passé plusieurs heures à vous mettre d'accord avec un collaborateur et, le lendemain, vous avez sa démission sur votre bureau. Ils ne respectent plus rien.* »

Une frange de collaborateurs a inversé la relation de force. Dès lors, c'est l'entreprise qui se plaint de ne pas pouvoir leur faire confiance. Elle utilise exactement les mêmes formules que les salariés à l'égard de l'entreprise ou de ses dirigeants : « Ils ne pensent qu'à eux, le sort des autres leur est complètement égal, ils profitent du système… » Peut-être aura-t-elle trop vite oublié que les effets du raccourcissement de la durée de vie de la parole donnée ne valent pas que pour les collaborateurs (*cf.* « La durée de vie de la parole » p. 152, en symétrique)…

Toujours est-il que, s'il est une chose que les collaborateurs n'acceptent plus aujourd'hui, c'est que l'on fasse un usage de leur temps qui ne leur paraît pas pertinent. S'ils ont l'impression que leur temps et leurs efforts sont gâchés, ils contestent la légitimité de leur management. La confiance est remise en cause, le départ est proche.

On pourrait croire que ce rapport de force est nécessairement nuisible à la relation de confiance que l'on peut considérer comme indispensable au bon fonctionnement de l'entreprise. Nous pensons le contraire. **Expliciter les données du rapport de force et donner les moyens à l'autre (en l'occur-**

rence le collaborateur) d'y trouver ses points de repère font partie des moyens de retrouver la confiance.

Sur quoi repose la confiance ?

Qu'est-ce qui donne confiance dans un système ou une entreprise ? Si l'on fait abstraction des éléments de contexte évidents, comme la santé économique de l'entreprise, l'absence de plans sociaux récents, une fusion récente alors que le management avait annoncé le contraire, etc., il semble que la confiance repose principalement sur quatre perceptions des salariés :

1. La visibilité sur l'avenir, la croyance dans la stratégie ou le projet, c'est-à-dire le sentiment que ce que l'on fait s'inscrit dans la durée, la capacité à se projeter dans un avenir commun.
2. Un sentiment de convergence d'intérêt entre ce que le collaborateur perçoit du sien et de celui de l'entreprise dans laquelle il est.
3. Le comportement du manager, selon lequel il dit ce qu'il fait (fait ce qu'il dit) et s'applique à lui-même ce qu'il demande aux autres.
4. La clarté des règles du jeu, du rôle de chacun.

Les deux premières relèvent de la vision des objectifs, les deux dernières du processus et des modalités.

Reprenons ces quatre points pour voir de quelle façon ils peuvent être mis en pratique dans l'entreprise aujourd'hui.

Les bases de la confiance : la visibilité sur l'avenir

Le modèle de la confiance est très lié à la notion de durée et à la capacité de se projeter dans l'avenir. Traditionnellement, ce qui donne confiance a priori, c'est le contrat à durée indéterminée. Le problème, c'est qu'il y a méprise sur le sens du mot indéterminé car, dans la pratique, on le signe une fois pour toute et il fixe définitivement les choses (à l'instar du contrat de mariage, du moins tel qu'on l'imagine quand on y entre…). Or, un CDI n'a pas vocation à être un contrat figé ; tout simplement, la durée n'est pas fixée à l'avance.

Il faut inventer une autre confiance basée sur un contrat révisable à échéance régulière. Se reposer la question du sens de ce que l'on est en train de faire, se demander si l'on partage toujours le projet de l'entreprise dans laquelle on travaille, voilà à quoi serviraient les échéances. Le contrat peut être ainsi renouvelé sans limites, mais on saura pourquoi il l'est. Pour que la confiance s'entretienne, il est utile que le sens ne soit pas perdu en route. Pour cela, des réévaluations régulières sont utiles.

Aujourd'hui, la visibilité sur l'avenir est assez floue et rien ne permet de considérer qu'elle pourrait l'être moins dans les années futures. Il ne s'agit donc pas de s'en cacher mais de montrer que, malgré la mouvance de l'environnement dans lequel on évolue, on construit une stratégie suffisamment claire pour être expliquée à chaque collaborateur.

Il faut aussi annoncer que cette stratégie changera dans les mois ou les années à venir. C'est indispensable pour continuer à s'adapter au monde dans lequel on évolue. Il est donc probable qu'une partie du travail qui est fait aujourd'hui sera inutile demain : on est parti dans une direction qui ne s'est pas avérée correspondre aux hypothèses de départ. C'est la règle du jeu. **En somme, le bateau de l'entreprise sait où il veut aller mais il navigue dans le brouillard et sans carte.** A tout moment, un violent coup de barre peut être donné pour éviter un récif qui le fera changer de cap. Si l'objectif reste le même, la route imaginée au départ ne sera pas nécessairement celle qui sera suivie in fine.

Tout cela peut être compris par chacun des collaborateurs, à condition que jamais ils n'aient l'impression que l'on a considéré leurs efforts, leur énergie, leur temps avec légèreté. Dès qu'il perçoivent que l'on estime avec peu de considération ce qu'ils font, ils se protègent, se désinvestissent, se méfient. Ceci acquis, l'essentiel pour eux est de savoir qu'il y a un capitaine à bord, que le navire dans lequel ils sont embarqués n'est pas porté au gré des courants mais barré par un commandant de bord qui choisit des options en fonction des circonstances.

La garantie sur l'avenir n'est pas, comme beaucoup le pensent, dans la constance de la stratégie, mais au contraire dans son adaptabilité et donc dans sa variation.

La convergence d'intérêt : la capacité d'adaptation

La réussite ne garantit rien. Le constat de la perception de l'absence de convergence d'intérêt a conduit les consultants à inventer la formule : « gagnant-gagnant ». Tout le monde trouve son intérêt dans les solutions proposées. La formule est excellente mais elle est un peu usée aujourd'hui et, lorsqu'elle est utilisée, elle induit plus de méfiance qu'elle ne convainc les interlocuteurs.

Quelle convergence d'intérêt ont aujourd'hui les collaborateurs avec leur entreprise ? La réponse évidente est la réussite. Elle est d'ailleurs largement mise en avant par les dirigeants. Sauf que les années de gains de productivité ont montré le contraire. L'entreprise qui réussissait était celle qui se débarrassait du plus grand nombre de ses collaborateurs le plus vite possible. Ce constat a d'ailleurs considérablement renforcé le repli sur des équipes de taille humaine qui cherchaient à « gagner » au sein de l'entreprise, même si c'était contre les autres équipes de cette dernière. Cela donnait la meilleure garantie sur l'avenir : « Si certains doivent être virés, ce n'est pas moi. »

L'une des raisons du développement de l'actionnariat salarié et des stock options est de prouver de façon « sonnante et trébuchante » la réalité de la convergence d'intérêt de l'entreprise et de ses collaborateurs. Cela n'est pas appliqué partout et cela ne suffit pas. Quoique… ce soit une question de niveau. On voit clairement que pour les dirigeants qui ont potentiellement un multiple de leur salaire annuel en stock options, faire réussir l'entreprise (au sens boursier du terme) devient un enjeu personnel pour eux. Il n'y a guère que dans certaines start-up que cela peut se décliner sur tous les membres de l'entreprise.

L'employabilité comme réponse fourre-tout. Lorsqu'on interroge les dirigeants sur cette question de la confiance, certains, ne sachant pas comment répondre, mettent en avant leur éthique et leurs valeurs. Souvent, ils sont sincères. Et lorsqu'on leur donne des exemples précis de leur manière d'agir avec certains collaborateurs, ils expliquent qu'il s'agit d'un « cas limite », qu'ils « ont agi dans l'intérêt de l'entreprise ». C'est bien cela le problème : quelles que soient les valeurs qui animent les dirigeants, il arrive que leur rôle les conduit à agir contre l'intérêt direct de leurs collaborateurs.

D'autres dirigeants ont un autre type de réponse : l'employabilité. En maintenant le niveau de compétence de mes collaborateurs pour leur permettre de toujours trouver du travail, je mets en œuvre les conditions de la confiance. Si c'était vrai, ce serait un véritable élément de réponse à notre question. Sauf que le problème est le plus souvent envisagé sous l'angle de la gestion prévisionnelle de l'emploi. Or, pour anticiper sur les compétences nécessaires, il faudrait les connaître, prévoir les besoins de demain, dans un groupe ou un bassin d'emploi. Aujourd'hui les spécialistes de la gestion des ressources humaines nous disent qu'ils sont incapables de prévoir. « D'ailleurs, continuent-ils, regardez : plus personne ne dit qu'il fait de la gestion prévisionnelle, tout simplement parce qu'on ne sait pas faire. »

Il reste que **la piste de l'employabilité est intéressante. Mais comment la favoriser sans prévisibilité ?** Probablement par la capacité d'adaptation.

Travailler sa capacité d'adaptation : une vraie garantie sur l'avenir. La vraie convergence de fond survient lorsque l'entreprise arrive à changer avec l'ensemble des acteurs qui la composent. Si l'entreprise ne change pas ou peu, il est certain qu'elle perdra des parts de marché ou de la rentabilité et que les collaborateurs seront les premiers à en souffrir ; si elle change en renouvelant ses collaborateurs, les salariés seront les perdants. En revanche, changer ensemble pousse chacun à entretenir ses capacités d'adaptation, son adaptabilité, ce qui est la meilleure garantie sur l'avenir. **C'est l'apprentissage permanent et mutuel qui, aujourd'hui, constitue le gagnant-gagnant.** Lorsqu'une équipe modifie une manière de faire, elle fait progresser l'entreprise et elle s'offre à elle-même un développement qui l'enrichit. C'est, d'une certaine manière, l'entreprise changeante et apprenante.

La vraie difficulté est d'en convaincre les différents acteurs et de les mettre tous dans cette dynamique de changement. L'anecdote que nous rapportons en début de cette troisième partie de ce président qui demande à son collaborateur de « s'en tenir aux habitudes » montre combien la résistance au changement peut concerner tout le monde, y compris le haut de la pyramide. Le même président ne manque pas de faire l'apologie du changement et de se désoler de ce que l'entreprise « n'avance pas assez vite ».

> *C'est l'apprentissage permanent et mutuel du changement qui, aujourd'hui, constitue le gagnant-gagnant.*

C'est toujours à l'autre de changer. L'autre est toujours résistant au changement. C'est pourquoi, nous sommes favorables à ce qu'en matière de changement, comme pour la performance individuelle, chacun se fixe des objectifs annuels qui puissent être connus des autres. Sur quoi vais-je centrer mes efforts pour modifier mon comportement afin de mieux contribuer à la réussite collective ? Si chacun pouvait répondre à cette question, et surtout prendre le risque de l'annoncer aux autres, la dynamique s'enclencherait plus facilement. Maintenir le mouvement est ensuite plus facile car on voit les bénéfices que l'on tire de cette approche dynamique. Bénéfices collectifs d'amélioration du fonctionnement d'un service ou globalement de l'entreprise et bénéfices individuels de progrès personnels et d'enrichissement de son registre de compétences.

La véritable convergence d'intérêt dans l'entreprise se situera de plus en plus dans cette dynamique collective qui permettra à l'entreprise de rester dans la course et à ses collaborateurs de « ne pas vieillir trop vite ».

Le paradoxe du changement. Nous sommes conscients qu'en défendant cette idée, nous allons à l'encontre de la vision de la plupart des collaborateurs face au changement. Celui-ci est vu la plupart du temps comme une contrainte supplémentaire, et probablement inutile, qui leur est imposée. Pour beaucoup, leur demander de changer, c'est nier ce qu'ils ont fait et donc manquer de respect pour tout le mal qu'ils se sont donnés afin de faire avancer l'entreprise.

« Pourquoi tu me demandes de changer ? Je fais mal mon travail ? » Réaction de défense ? Pas seulement. Chaque changement induit un deuil, un renoncement. Perte de sa pratique professionnelle, perte de sa compétence, perte de son environnement de travail, parfois même perte de son identité professionnelle. La liste n'est pas close. L'émotion produite par le changement est partie intégrante du processus et, la plupart du temps, elle n'est pas très positive.

> **Pourquoi tu me demandes de changer ? Je fais mal mon travail ?**

Les collaborateurs réalisent qu'ils se mettent en danger face au changement. C'est vrai à court terme, mais c'est l'inverse à moyen terme : les engager dans un mouvement qui les conduit à modifier, à ajuster en permanence certains de leurs comportements, c'est leur rendre service. De même que leurs dirigeants se sont souvent focalisés sur les résultats à court terme, de même les collaborateurs, en se défendant contre le changement, favorisent le futur immédiat aux dépens de leur avenir plus lointain.

En pratique, les managers sont souvent confrontés à des collaborateurs qui disent ne pas vouloir changer. Ils n'insistent pas, se montrant en apparence compréhensifs et empathiques. En fait, cela relève d'une paresse collective dont les principaux perdants seront un jour les collaborateurs, dont un futur manager décrétera qu'il ne peut « rien en faire ». Les collaborateurs, tout en s'indignant de cette attitude, seront tellement peu sûrs d'eux-mêmes qu'ils n'envisageront pas pouvoir faire autre chose que ce qu'ils ont toujours fait et donc s'enfermeront dans une impasse. Les vagues de licenciements très douloureuses des années 90 relèvent de ce schéma.

Heureusement, tous ne sont pas dans cet état d'esprit. Récemment nous nous échangions avec un dirigeant d'un des principaux sites français de commerce en ligne. Il nous expliquait que la seule manière pour lui de garder ses collaborateurs était de répondre à leur désir frénétique de formation. « Ils savent que l'unique façon de rester dans la course pour eux est de toujours rester à la pointe ; c'est presque aussi important que l'argent. » On peut y voir deux logiques contradictoires. D'abord, une démarche « mercenariale ». Formez-moi afin que je puisse rester dans la course et, le cas échéant, me vendre ailleurs au meilleur prix en bétonnant mon CV et mon savoir-faire. Rien d'étonnant à ce que ce soit presque aussi important que de l'argent : c'en est, d'une certaine façon. Parallèlement, ces salariés n'hésitent pas à se remettre en cause et à aller de l'avant. C'est cette seconde démarche qui est porteuse d'avenir. On pourrait dire que, **même lorsque les motivations de départ sont orientées vers la performance individuelle, l'essentiel est de mettre le doigt dans le mécanisme de changement.**

L'innovation ou comment vendre le changement de façon séduisante. L'un des thèmes porteurs dans les entreprises est celui de l'innovation. On l'appelle quelquefois la créativité, laquelle suscite des améliorations ou des innovations, ces dernières constituant des ruptures dans le process[1]. Lorsqu'on lit ou écoute les spécialistes de la question, on comprend que l'innovation repose surtout sur les idées des collaborateurs. C'est principalement de ceux qui font que doivent venir les idées d'amélioration. La plupart de ces idées doivent concer-

---

1. Isaac Getz, professeur à l'École supérieure de commerce de Paris.

ner le travail produit par l'individu lui-même. Ce qui est alors préconisé, c'est qu'il mette en œuvre son idée sans même en demander la permission à son manager. Puis il en fera part, et les idées seront valorisées, comme par exemple chez ST Micro electronics qui fait deux fois par an une grande réunion de reconnaissance des meilleures idées.

Le modèle est séduisant car il met en pratique ce que tout le monde dit et que peu appliquent : la plus grande richesse de l'entreprise, ce sont ses hommes. Il repose aussi sur un principe de bon sens : celui qui est le mieux placé pour savoir ce qu'il faut améliorer et l'appliquer, c'est l'opérateur. Autant le discours sur le changement produit souvent des réactions de rejet, autant celui sur l'innovation ou de la créativité séduit.

En fait, l'innovation, c'est le changement qui ne dit pas son nom. Il est initié par le collaborateur lui-même qui est valorisé, encouragé à le faire et, surtout, trouve plus d'intérêt et d'autonomie dans son travail. C'est un changement que le collaborateur décide et implémente.

C'est, à l'évidence, une des voies essentielles vers lesquelles les entreprises doivent aller. Même si tous les changements ne peuvent venir des acteurs eux-mêmes, car il leur manque la vision d'ensemble. C'est la limite de la démarche : les collaborateurs ne choisissent pas toujours de changer ce que l'entreprise souhaiterait qu'ils changent.

Le comportement du manager

DE JAMES BOND À WOODY ALLEN ?

Le manager demeure ce qui est visible de la hiérarchie pour la plupart des collaborateurs. Il incarne les pratiques de l'entreprise. Il est un déclencheur d'émotions pour ses collaborateurs et, à travers sa manière de dire et de faire, il amplifie leurs perceptions. Ces perceptions dépendent autant de son langage non verbal que de ce qu'il dit. Or, ce qu'il dit est, comme nous l'avons vu plus haut, sujet à caution. Il pourra être amené à se contredire à tout moment. C'est donc ce qu'il fait et sa manière de faire qui va apporter de la crédibilité. Cette notion d'exemplarité n'est pas nouvelle. Elle était déjà présente dans les entreprises tayloriennes ou dans les modèles inspirés par l'armée, dans lesquels « l'honneur du chef » passait notamment par sa capacité à montrer l'exemple.

> *C'est le constat qu'il n'est pas parfait et son engagement à changer qui font l'exemplarité du manager du XXIe siècle.*

Ce qui est nouveau c'est ce que l'on met derrière le mot exemplarité. Pour beaucoup encore, l'exemplarité consiste à se montrer aux autres sans défauts. Tout ce qu'on fait doit être parfait. Le manager qui incarne cette perfection ne doit jamais être « pris en faute » ou en défaut. Dans ses échanges avec ses collaborateurs, il ne manque d'ailleurs pas de faire référence à ses propres comportements comme modèle dont ils doivent s'inspirer.

L'exemplarité du XXIᵉ siècle est toute différente. **C'est au contraire sur le constat qu'il n'est pas parfait et qu'il n'est pas dans l'illusion de l'être que le manager incarne un modèle. C'est sa capacité à se remettre en cause, son engagement à changer lui-même qui doit servir de référence.**

En somme, on passe du modèle du héros qui présente toutes les qualités et qui, quoiqu'il arrive, a toujours la bonne réaction et trouve la solution idéale, à celui du manager qui, loin d'être parfait, s'interroge en permanence sur lui-même, sa manière de faire et trouve des solutions de compromis. On pourra dire que le principe du modèle managérial demeure, mais avec un contenu différent. Soit. Le manager n'a pas nécessairement besoin pour autant d'être juif new-yorkais et complètement névrosé pour réussir. Cependant, ses doutes sont au moins aussi intéressants que ses certitudes. Ce qu'il doit chercher à incarner, c'est la dynamique de changement (en ce sens, il vaut mieux s'écarter du modèle « allenien ») : pas dans l'organisation qu'il met en place ou dans ce qu'il demande à ses collaborateurs, mais dans ses attitudes et ses comportements. C'est dire que les présidents des grands groupes français ont des marges de progrès !

La clarté des règles du jeu

Quelles sont les règles ? L'une des choses que les managers ont le plus de mal à faire dans une entreprise qui vit des changements permanents, c'est de ré-expliciter constamment les règles qui régissent le jeu relationnel entre les différents acteurs.

Une contradiction

— Le problème, c'est qu'on ne sait plus ce qu'on a le droit de faire.
L'interlocuteur qui nous dit cela est dirigeant d'une start-up qui a été rachetée récemment par un groupe de multimédia. De fait, il se trouve en concurrence avec d'autres entreprises du groupe sur une partie de ses activités.
— Est-ce qu'on doit être en concurrence « sauvage » entre nous ou est-ce que les frontières doivent être claires ? Ça dépend de nos interlocuteurs et des circonstances. D'un coté, ils nous disent qu'il faut développer à tout prix notre chiffre d'affaires, de l'autre, qu'il faut que l'image du groupe soit cohérente vis-à-vis de nos clients et qu'il faut faire jouer les synergies. Allez vous y retrouver dans tout cela ! En fait, je pense qu'ils ne savent pas eux-mêmes ce qu'ils veulent et qu'ils réagissent au coup par coup.

Il nous arrive fréquemment de rencontrer des managers qui n'ont pas les idées claires sur les règles qui doivent régir les relations entre les équipes. Ils préfèrent se positionner en juge dont les positions paraissent forcément arbitraires car elles ne reposent pas sur des règles. C'est vrai que définir des règles, c'est prendre des risques, alors qu'être juge c'est faire porter les risques aux autres. **La confiance repose sur la répartition des risques.** Ceux du manager sont liés aux options qu'il prend sur l'organisation et les règles qu'il fixe, ceux du collaborateur dans sa manière de faire.

> *La confiance repose sur la répartition des risques.*

Un rapport de force constructif. Pour qu'il y ait confiance, il faut que les composantes du rapport de force soient claires pour les différents protagonistes. Mais, surtout, il est essentiel de maintenir les conditions d'un certain équilibre dans ce rapport de force. En simplifiant à l'extrême, **il faut se donner les moyens pour que les besoins s'équilibrent.** Dans l'idéal, l'entreprise doit autant avoir besoin de chaque collaborateur que celui-ci a besoin de l'entreprise. Il est évident que c'est purement théorique : au travail, les parties en présence ne sont que très rarement de forces égales du fait de la dépendance économique du salarié, et le droit social ne cesse de vouloir nous le rappeler.

Reste qu'il faut être vigilant à ce que chaque collaborateur comprenne ce qui le met, mais surtout le mettra, en position de rapport de force vis-à-vis de l'entreprise. **À partir du moment où un collaborateur a l'impression que l'entreprise peut « se débarrasser de lui » sans dommage pour elle, voire même qu'elle y a intérêt, la confiance s'effrite**

très rapidement. Si je ne sais pas ce que j'apporte à l'autre, je ne peux pas croire qu'il ait besoin de moi, je guette le moindre de ses signes à interpréter comme du rejet ou du refus. Inversement, si je n'ai pas besoin de l'autre, il y a perte de relation. Dans une large mesure, il en est dans la relation au travail comme dans la relation de couple.

Développer l'estime de soi des collaborateurs. Les managers ont souvent une attitude ambiguë avec l'estime de soi de leur collaborateur : s'ils n'en ont pas assez, ils ne prennent aucune initiative et se découragent facilement ; s'ils en ont trop, ils demandent en permanence des augmentations ou des promotions.

Ne craignons pas la sur-estime de soi

Un collaborateur qui se sent performant est un collaborateur revendiquant, ce qui produit des soucis. Ici encore, paresse managériale ou manque de temps et d'imagination transforment un avantage en inconvénient. Un collaborateur qui se sent sous-exploité est toujours un collaborateur qui a envie de progresser, de prendre plus de responsabilité. Il en demande plus, il a envie d'aller de l'avant. Autant dire que c'est un atout pour l'entreprise. Le manager peut faire une autre analyse de son potentiel que lui. C'est le principe de réalité qui tranchera.

> *Une forte estime de soi est un socle sur lequel on peut construire l'avenir.*

En pratique, il faut lui proposer de nouvelles prises de responsabilité partielles avec une grille d'analyse précise de l'atteinte de ses objectifs. Autrement dit, lui donner sa chance. C'est ainsi que, parfois, on réalise qu'on l'avait sous-estimé. Tant mieux, c'est un potentiel de plus pour l'entreprise. Dans le cas inverse, on peut justifier ses décisions par les résultats de l'expérience et ouvrir le dialogue sur les prochaines évolutions en tenant compte des essais.

Dans tous les cas, une forte estime de soi est un socle sur lequel on peut construire l'avenir.

Combattons la sous-estime de soi

Cette perception du risque lié à la sur-estime de soi conduit les managers à être méfiants et à jouer du compliment et du renforcement positif avec parcimonie. Héritiers de leur propre modèle éducatif, ils insistent plus sur ce qui ne va pas que ce sur ce qui va. Ce faisant, ils arrivent à convaincre leurs équipes de leur médiocrité, à s'en convaincre eux-mêmes et à l'induire.

La première source de résistance au changement est le doute que chacun a de pouvoir y arriver. Lorsqu'une assistante doute de ses capacités et que vous lui demandez d'apprendre à se servir d'un nouveau logiciel, elle hésitera beaucoup plus que si elle est sûre de ses capacités d'apprentissage.

Un collaborateur qui doute de lui a donc deux attitudes dominantes :

- il ne fait pas confiance à l'entreprise (car il est persuadé que l'entreprise n'a pas besoin de lui) ;
- il résiste au changement (car il est persuadé qu'il n'y arrivera pas).

Entretenir l'estime de soi de ses collaborateurs consiste à développer leurs capacités d'apprentissage et à les valori-

ser. Montrer à un collaborateur le chemin qu'il a parcouru est un acte managérial fondamental. L'aider à franchir de nouvelles étapes en lui montrant par quels mécanismes il progresse et comment, en passant du temps avec lui, le manager investit sur lui, c'est la base la plus sûre d'une relation de confiance.

La contribution ressort de la confiance. Qu'est-ce qui fait que l'entreprise a besoin de ce collaborateur plutôt que d'un autre qui aurait les mêmes compétences ? Principalement, parce qu'il développe des compétences spécifiques aux besoins de l'entreprise, justement. Sa connaissance de l'entreprise et des acteurs qui la composent (salariés, clients et fournisseurs) est une compétence en soi spécifique. Encore faut-il qu'il l'utilise à bon escient. C'est notamment ce que nous avons appelé la contribution. Nous enrichissons notre définition par cet usage spécifique de la compétence croisée avec la connaissance de l'entreprise et de ses enjeux stratégiques.

Quand l'expérience redevient un atout

De ce point de vue, il est clair que l'expérience utilisée à bon escient est un atout pour améliorer sa contribution. L'expérience n'a pas eu, ces dernières années, une image très positive. Les managers avaient l'impression que, derrière ce terme, se cachait une attitude passéiste et de justification de la résistance au changement : « On ne tient pas compte de mon expérience ! » Celui qui s'indigne de la sorte est suspect de plus s'abriter derrière ce qu'il a fait autrefois que de se projeter dans l'avenir. L'expérience est alors résumée par la tendance à vouloir reproduire des recettes ou des plans d'action qui ont marché précédemment.

En fait, **si l'expérience consiste à s'appuyer sur sa connaissance de l'histoire de l'entreprise pour lui permettre de mieux s'adapter aux nouveaux contextes qu'elle rencontre,**

elle devient un atout premier de la contribution. Dans ce cas, l'expérience ne repose pas sur des process mais plutôt sur la connaissance des individus et des organisations.

Expliciter la contribution pour construire une confiance réciproque

Nous avons vu dans la seconde partie que la contribution permettait de donner confiance à l'entreprise dans un collaborateur. Lorsqu'un manager recueille les preuves qu'un collaborateur contribue au succès de l'entreprise, il n'a plus de doutes (à supposer qu'il en ait eus) sur son état d'esprit et son implication dans l'entreprise. S'il en prend acte en explicitant à son collaborateur comment il a évalué sa contribution et comment elle participe au succès de l'entreprise, celui-ci se sent lui-même plus en confiance.

Il réalise que l'entreprise a besoin de lui. S'il n'est pas indispensable (il paraît que personne ne l'est), il peut se sentir utile, voire même très utile. Dès lors, il peut élaborer un rapport de force avec l'entreprise constructif.

C'est ce que nous appelions le contrat de travail implicite[1]. On sait que le collaborateur, en échange de sa performance individuelle reçoit un salaire. Mais, au-delà de cette performance, pour tout ce qu'il fait en plus, que lui donne-t-on ? Tant que cela n'aura pas été explicité de façon claire, les deux parties peuvent avoir l'impression de se « faire avoir ».

Comment évaluer la contribution et la rétribuer, c'est ce que nous allons voir maintenant.

---

1. *Le Manager est un psy.*

3 | FAIRE DE LA CONTRIBUTION L'AFFAIRE DE TOUS

IL FAUT DONC ENCOURAGER la contribution, c'est-à-dire un ensemble de comportements allant au-delà de la mission de base d'un collaborateur et concourant à la réussite de l'entreprise. On vise ainsi des comportements orientés non seulement vers la performance individuelle (le territoire personnel, individuel) ou celle de l'équipe (le territoire tribal) mais également vers la réussite collective, celle de l'entreprise. Aujourd'hui, cela veut surtout dire partager l'information utile, faire vivre dans le quotidien la logique d'échange.

Cela étant rappelé, comment procéder, comment susciter la contribution ? D'abord en levant les obstacles qui s'y opposent. Puis, en en précisant les règles du jeu. Enfin, en la rendant attractive.

Expliciter et lever les difficultés psychologiques : exercice pratique

Les comportements ne vont pas changer avec le simple énoncé d'un catalogue de plans d'action volontaristes. En effet, un frein psychologique va souvent jouer contre la contribution. Cette réticence est alimentée par les évaluations que les individus font de leur situation professionnelle ; à leur tour, ces représentations alimentent la peur du changement, de se retrouver dans la charrette ou de ne pas obtenir en fin d'année le bonus escompté. Si les représentations ne sont pas désamorcées, les comportements varieront au mieux un temps, puis l'individu reviendra à la défense de son territoire et à la rétention de l'information. Tant que l'émotion (la peur) sera présente, tant que l'individu doute de lui et redoute le regard des autres, le comportement ne changera ni fondamentalement, ni durablement.

Puisque nous évoquons les émotions, les représentations et les comportements, rappelons comment ils interagissent. On peut le résumer de la manière suivante. Considérons un individu, avec ses spécificités : son vécu, son éducation, sa culture, ses règles de vie, son estime de lui, sa vision du monde et des choses, ses principes moraux, philosophiques, religieux, etc. Il fait face à une situation, avec ses particularités. L'individu évalue la situation, ce qui est une première représentation (*cf.* le chapitre 5 en deuxième partie).

Si la représentation qu'il se fait de la situation ne lui demande aucun effort d'adaptation, il adopte immédiatement le comportement qu'il juge adéquat ; on est alors dans un schéma d'automatisme (par exemple, lorsque j'ouvre la porte, lorsque je conduis la voiture).

Si, au contraire, la représentation de la situation commande un effort d'adaptation, il se manifestera par des émotions. À ces émotions, seront associées des sensations physiques, ainsi que d'autres représentations qu'on appelle des schémas cognitifs et qui induisent des comportements spécifiques. **Émotions, sensations physiques et représentations interagissent.**

Le sujet cherche à apaiser l'émotion, à court ou moyen terme, et déterminera son comportement en fonction de cet objectif. Les conséquences du comportement sont évaluées par l'individu. Cette évaluation génère elle-même des conséquences émotionnelles. Le souvenir de ces conséquences émotionnelles ira alimenter le vécu, donc les spécificités de cet individu face à une situation future présentant des similitudes.

> *Représentations, émotions (et sensations physiques) interagissent.*

Les choses vous paraissent-elles claires ? Pour vous en assurer, faites l'exercice, à l'aide du schéma suivant, en prenant l'exemple d'un salarié faisant face à une demande de contribution et de partage de l'information par l'entreprise qui l'emploie.

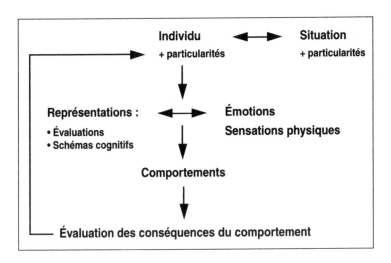

Ce comportement est loin d'être automatique pour lui. Des années de mode de rémunération uniquement axé sur la performance individuelle et de « cost killing » ont forgé sa vision du monde professionnel (son vécu, ses spécificités), faite de territoires à défendre devant la menace de perdre son emploi, son pouvoir, son bonus. Entrer dans une logique de partage et de contribution sera vécu comme un danger ; par conséquent, il devra faire un important effort d'adaptation. L'émotion qui surgira le plus spontanément sera une peur intense. Les représentations tourneront principalement autour du thème « je me mets en danger, donc je dois limiter ma contribution et m'investir prioritairement sur ma performance individuelle ». Le comportement sera soit anti-contributif (rétention de l'information), soit contributif, mais avec une émotion telle que le salarié ne se sentira pas à l'aise et finira par revenir au comportement anti-contributif. Et ainsi de suite, tant que les représentations n'auront pas changé. Tous les collaborateurs ne vivent pas la sollicitation contributive sur ce mode, mais le cas de figure décrit est fréquent.

C'est pourquoi, nous préconisons la plus grande vigilance aux entreprises, de plus en plus nombreuses, qui basculent dans la démarche matricielle. Encore une fois, il ne nous appartient pas de dire si ce type d'organisation est la bonne réponse ou la réponse définitive à la nécessité d'aller vers une logique de coopération et de partage. C'est bien possible. Ce qui est intéressant, c'est que la matrice s'oppose à la logique de territoire et a pour but d'améliorer la circulation d'information. Or, comme nous l'avons dit, cette organisation met les acteurs concernés dans une impasse si ceux-ci sont restés ancrés sur des représentations et des schémas territoriaux. Le quotidien n'est alors qu'une suite de contraintes hiérarchiques qui se télescopent et ne s'articulent pas, avec la sensation d'un désordre incontrôlable et d'actions divergentes dont on a du mal à voir la finalité. Prudence donc : **lorsqu'on supprime les territoires, il faut veiller à désamorcer les charges émotionnelles que portent** nécessairement les individus qui ont longtemps fonctionné sur ce registre. Le « pétage de plombs » que décrit Véronique (*cf.* « Comment l'organisation matricielle est vécue par le collaborateur », p. 64) chez ses collègues et ses collaborateurs, c'est la bombe qui implose.

Aux managers devant gérer des systèmes transversaux et rendre plus contributifs des collaborateurs installés dans la performance individuelle, nous préconisons la démarche suivante, qu'on pourrait appeler « Méthode pour désapprendre le territoire dans une entité ».

Mettre à jour les représentations des collaborateurs en rapport avec leur territoire et qui s'opposent à la contribution

Contribuer, c'est donc désapprendre à défendre son territoire. Pour cela, il faut désamorcer les émotions qui conditionnent les comportements « rétentifs » et aider les individus à construire d'autres représentations plus réalistes et plus adaptées.

La première chose à faire est d'écouter le collaborateur. À cette fin, l'entretien individuel et confidentiel est encore la meilleure des méthodes. Nous recommandons aux managers d'adopter une posture de coach et d'utiliser les techniques cognitives afin de mettre en évidence les représentations relatives à l'information et à la manière dont elle circule[1]. On peut dresser les grandes lignes de l'exercice :

> **Identifier la représentation du « territoire ».** Comment le collaborateur se voit-il, individuellement (et éventuellement à travers son équipe, s'il est lui-même manager), à

---

1. Au lieu de motiver, mettez-vous donc à coacher.

l'intérieur du système d'entreprise ? Comment se repré-
sente-t-il sa place ? Comment voit-il son utilité ? Comment voit-il sa mission et son mode d'évaluation ?

**Identifier la représentation de la concurrence interne,
de « l'ennemi » dans la place forte.** Comment voit-il
ses rapports avec les personnes et les entités internes avec
lesquelles il est amené à travailler ? En quoi est-il facile de
travailler avec elles ? En quoi cela présente-t-il un
intérêt ? En quoi est-ce difficile ? En quoi cela présente-t-
il un inconvénient ? Perçoit-il des zones de rivalités ou de
frictions ? Comment les règle-t-il ?

**Identifier les motifs de satisfaction potentielle et les
registres d'insatisfaction.** Quels sont, d'après lui, les
points forts, les atouts à valoriser de l'entité (département, division, direction, filiale, etc.) dans laquelle il
travaille ? Quels sont les aspects critiques qui nécessiteraient un examen approfondi ?

**Identifier le jeu relationnel avec le réseau hiérarchi-
que.** Comment voit-il ses rapports avec sa hiérarchie (n
+ 1, top management) ? Comment communique-t-il avec
elle ? Chacun des membres du réseau hiérarchique lui
semble-t-il légitime à son poste ? Les différentes lignes de
« reporting » lui semblent-elles justifiées ? Quelles seraient
les critiques qu'il aurait envie de faire ?

Les premières représentations qui apparaîtront en rapport avec
la contribution seront souvent exprimées sous une forme
édulcorée, où l'individu ne se met pas à découvert. Exemples :

« Bien sûr, je pense qu'il faut faire circuler l'information
mais :

• On ne peut pas fonctionner si je suis court-circuité ou
si je court-circuite la hiérarchie.

- Comment puis-je faire travailler des gens qui ne sont pas dans ma ligne de « reporting » ?
- On ne peut pas faire du bon boulot quand on ne sait pas qui est vraiment en charge de quoi ; le client n'y comprend rien.
- Je ne suis pas certain que mon n + 1 soit dans son rôle.
- Si les critères d'évaluation ne sont pas clairs, on n'avancera pas. »
- Etc.

Ces représentations sont énoncées par les intéressés comme des évidences. Il convient de questionner ces évidences, de pousser le questionnement ainsi que la reformulation des réponses pour faire surgir les représentations qui se cachent derrière. Exemples :

« Je ne peux pas me permettre de contribuer, sinon :

- Si j'aborde les problèmes qui ne me concernent pas directement, on va me demander de les résoudre.
- Cela va me prendre du temps.
- Je vais aider mes collègues qui sont également mes concurrents.
- Je me mets en danger.
- On se demandera à quoi je sers.
- La direction va en profiter pour « rationaliser » et je sais trop bien ce que ça veut dire en terme d'effectifs.
- Je prends le travail de mes collègues ou alors je mets en danger d'autres personnes qui pourraient m'en vouloir.
- Je vais susciter des changements alors que tout va très bien pour moi aujourd'hui.
- Je n'y gagne rien car la hiérarchie n'en a rien à faire.
- On va croire que je remets en cause la hiérarchie.
- Je vais soulever des problèmes qui pourraient mettre en difficulté le management.

- Ça ne va rien me rapporter. »
- Etc.

À ce stade, le chemin accompli est important, avec la mise à jour des représentations qui bloquent le collaborateur. Y parvenir nécessite une bonne dose de confiance réciproque et d'écoute.

Permettre aux collaborateurs de réévaluer leurs propres évaluations de territoire de manière à ramener les obstacles à leur réalité

Mais le manager n'est pas au bout de son travail. À partir des représentations mises à jour, le questionnement doit se poursuivre selon le schéma suivant :

- Dans quelle mesure la représentation est-elle vraie ?
- Quels sont les éléments concrets sur lesquels l'intéressé se base pour l'établir ?
- Est-ce la seule évaluation possible ?
- Quels seraient les arguments contre ?
- Quelles évaluations feraient les membres de son entourage professionnel (collaborateurs, collègues, hiérarchie), voire d'autres personnes dans le même type de situation ?
- Si, sur certains points, la représentation correspond à la réalité, dans quelle mesure les conséquences sont-elles négatives ?
- Sur quels éléments concrets l'intéressé se base-t-il pour mesurer les conséquences ?
- Est-ce la seule évaluation possible ?
- Quels seraient les arguments contre ?
- Quelles évaluations des conséquences ferait son entourage professionnel ?

À l'issue de cette exploration, les obstacles et leurs conséquences sont souvent ramenés à leur juste réalité.

Comme on peut le voir, cette « méthode pour désapprendre à défendre son territoire » suppose beaucoup d'écoute et un investissement important des managers dans la formation comportementale de leurs collaborateurs et dans la leur.

Les représentations réévaluées, travailler sur la structure afin de lever les obstacles réels

Réévaluer les représentations des collaborateurs ne signifie pas faire disparaître les problèmes. En général, il ne suffit pas d'aider les collaborateurs à changer leur façon de voir les choses pour que tout s'arrange. Comme il s'agit, dans leur immense majorité, de personnes qu'on peut qualifier de raisonnables, leurs évaluations ne sont jamais totalement irréalistes, à quelques rarissimes exceptions près.

> *Les représentations réévaluées, travailler sur la structure afin de lever les obstacles réels.*

Il reste donc au management, après avoir ramené les difficultés évoquées par les collaborateurs à leur juste mesure, à lever les obstacles. **Il ne sert pas à grand-chose de lever les résistances psychologiques à la contribution dans une entreprise si celle-ci ne la met pas en valeur : si elle continue de ne récompenser que la performance individuelle, si les contours de la contribution restent vagues, si des collaborateurs sont sanctionnés pour être sortis de leur mission propre ou pour avoir poussé le management dans ses**

retranchements. C'est ce qui est arrivé dans de nombreuses organisations matricielles ; cela n'invalide pas la démarche mais les modalités de mise en place.

Souvent, le principal obstacle objectif à la contribution sera le comportement du management lui-même, qui pourra se sentir fragilisé ou menacé par des comportements contributifs. Il convient donc de revoir les critères par lesquels on évalue les managers, mais également les former à la relation managériale dans un système transversal, selon un schéma qui n'est pas éloigné de celui que nous venons de décrire, car le manager est le plus souvent lui-même un collaborateur, mais à un niveau différent. Sauf qu'il lui faudra être porteur et traducteur des priorités stratégiques, étant un expert du jeu relationnel, pour susciter la confiance.

Faut-il travailler sur les représentations et les modes de fonctionnement des collaborateurs avant de réévaluer ceux des managers ? En fait, il faudrait faire les deux en parallèle, car les changements de représentations ne se font pas du jour au lendemain : ils nécessitent du temps, qui sera judicieusement perdu à court terme pour être plus que regagné à moyen et long termes. En axant notre propos sur les collaborateurs, nous voulons souligner le levier qu'ils ont acquis et à quel point ils sont devenus des acteurs clés de la relation managériale.

Méthode pour désapprendre le territoire dans une entité

1. Mettre à jour les représentations des collaborateurs en rapport avec leur territoire et qui s'opposent à la contribution.

2. Permettre aux collaborateurs de réévaluer leurs propres évaluations de territoire de manière à ramener les obstacles à leur réalité.

3. Les représentations réévaluées, travailler sur la structure afin de lever les obstacles réels : formation du management, révision des critères par lesquels il est évalué.

Il restera souvent deux obstacles majeurs qui s'opposeront à la contribution des collaborateurs :

- le flou dans la définition et la mise en avant de la contribution ;
- le mode d'évaluation.

Ce qui implique d'organiser et de valoriser la contribution.

Organiser et valoriser la contribution

Nous recommandons de passer de l'implicite au plus explicite en matière de contribution, de donner le maximum de visibilité et de légitimité. En résumé, il s'agit de décrire les principes et les règles du jeu. Ce qui se décline de la manière suivante :

1. Préciser les différences entre contribution et performance, entre obéissance, résistance et désobéissance.
2. Dire qui peut contribuer et comment.
3. Évaluer la contribution et solder la créance régulièrement.
4. Définir ce que l'on gagne à contribuer.
5. Organiser l'évaluation.

Mettre en évidence la différence entre contribution et performance, entre obéissance, résistance et désobéissance

La contribution ne remplace pas les objectifs individuels ; elle ne se substitue pas à la performance. Les objectifs personnels restent le cœur du contrat de travail. Simplement, la performance individuelle n'est que l'un des éléments de son évaluation globale et n'en constitue plus l'intégralité. Celle-ci comporte aussi la contribution. Le collaborateur est donc attendu sur un terrain dépassant les strictes limites de sa mission de base, où il sera évalué et rétribué.

Le poids relatif de la performance par rapport à la contribution est à fixer au cas par cas. Il dépend de la fonction et du contexte de l'entreprise.

De même, on ne peut pas faire l'économie d'une claire explicitation de ce que signifient obéissance, résistance et désobéissance :

- l'obéissance, c'est exécuter les instructions sans les questionner ;
- la résistance, c'est questionner les instructions et pousser la hiérarchie dans ses retranchements, tout en exécutant in fine les instructions ;
- la désobéissance, c'est le refus d'obéir aux instructions.

Quand on se rappelle que le statut cadre en France est, à son origine, d'inspiration militaire, on comprend que la précision n'est pas superflue.

Il nous semble que la meilleure manière de mettre en évidence les différences entre ces notions est encore de les écrire, et pourquoi pas dans le contrat de travail ? Là encore, ce ne serait pas du luxe, car les prud'hommes ont souvent eu à juger des affaires où des salariés avaient été licenciés parce que leur employeur estimait qu'ils contestaient les ordres et qu'ils faisaient preuve de mauvais esprit.

Faut-il aller jusqu'à rendre la contribution et la résistance obligatoires ? Il nous semble que non. On peut les rendre attractives, mais tout collaborateur doit pouvoir garder le choix d'être dans la performance individuelle ou de contribuer, d'être dans l'obéissance ou dans la résistance. Il doit simplement être informé de ce qu'il gagne ou perd, à ne pas contribuer ou résister. En outre, il serait difficile, au regard du

Code du travail, de faire de la non-contribution et de l'obéissance passive un motif de licenciement…

Dire qui peut contribuer et comment

Qui peut contribuer ? Cela peut sembler une évidence que tous les salariés d'une entreprise sont appelés à contribuer. Et pourtant, cela va toujours mieux en le disant.

En effet, des entreprises font le choix de l'obéissance non contributive. C'est particulièrement vrai pour les tâches dites d'exécution (nettoyage, édition de bulletins de paie, courses, etc.). Dans ce cas, elles ne doivent pas attendre des collaborateurs intéressés qu'ils adoptent des comportements contributifs. On peut remarquer que ces tâches ont souvent été externalisées. Il est tentant d'en conclure que les tâches qui ont peu de valeur ajoutée contributive ont vocation à être externalisées. Ce critère ne peut suffire à lui seul. Ce que l'on peut dire, c'est que la valeur ajoutée contributive devrait être prise en compte, à côté des critères plus classiques (qualité d'exécution, flexibilité, coût, sécurité du process, tâche temporaire ou récurrente) dans les décisions d'externalisation, voire d'internalisation. Et n'oublions pas que la contribution se cache souvent là où on ne la soupçonne pas car elle tient plus aux individus qu'à la tâche. Après avoir mené à bien un projet d'outsourcing, le DRH d'un grand groupe chimique nous confiait qu'il avait réalisé, par défaut, qu'un certain nombre de salariés externalisés faisaient auparavant office « d'interface, de lien communicant entre différentes fonctions » ; une manière de dire qu'il avait perdu leur potentiel contributif.

À partir du moment où un collaborateur appartient à l'effectif salarié d'une entreprise, nous estimons qu'il devrait être invité à contribuer. **Se priver de l'implication à valeur ajouté d'un** individu constitue un appauvrissement pour l'entreprise, même lorsqu'il exécute une tâche dont on ne voit pas spontanément l'apport contributif.

Et les CDD, et les temps partiels ? nous direz-vous. Rien ne s'oppose à ce qu'ils soient associés à la démarche contributive. D'une part, ils appartiennent aux effectifs salariés ; d'autre part, ces formes d'emploi ont connu une forte croissance ces dernières années. Il serait dommage de se priver de leur potentiel contributif du fait de la particularité de leur contrat de travail. Il restera à assurer aux CDD un retour sur contribution à l'expiration de leur contrat, ce que font d'ailleurs certains employeurs... en transformant ces derniers en CDI.

On pourrait dire la même chose des intérimaires, qui n'appartiennent pas aux effectifs salariés, ou même de consultants détachés pour des missions longues chez des clients. Parfois, le sentiment de moindre dépendance économique vis-à-vis de l'entreprise dans laquelle ils opèrent apaise la peur de perdre les revenus du travail en cas de « résistance ». On peut constater que le prestataire béni-oui-oui, c'est toujours celui qui a constamment peur de perdre le contrat.

Quant aux temps partiels, le fait d'être moins présent dans l'entreprise peut rendre la contribution plus difficile mais pas impossible. Au demeurant, la modulation des temps de travail et l'arrivée des 35 heures obligent à repenser la réalité du temps partiel. Comme on le voit, **l'implication d'un individu dans l'activité de l'entreprise pour laquelle il travaille n'est pas toujours fonction de la nature du contrat d'association.** Raison de plus pour associer a fortiori l'ensemble des salariés en CDI à temps plein à la démarche.

Comment contribuer ? Nous recommandons d'établir et d'écrire précisément les critères de contribution tous les

ans, dans la mesure où eux-mêmes ou leur pondération peuvent varier dans le temps. Dans le cas d'une PME par exemple, l'importance relative des contributions au développement commercial ou à la croissance de l'équipe n'est pas nécessairement la même d'une année sur l'autre.

Les critères peuvent être définis à plusieurs niveaux :

- critères de contribution à l'équipe, au service ;
- critères de contribution à l'établissement, au département, à la division ;
- critères de contribution à l'entreprise ;
- critères de contribution au groupe.

Ils doivent être déclinés en comportements. En effet, il ne suffit pas d'évoquer par exemple un « bon esprit », ou un « esprit d'entreprise » (ces critères seraient eux-mêmes trop vagues) ou encore une « implication dans le développement commercial ». Il convient d'en donner une traduction concrète.

Exemples :

Favoriser la cohésion d'équipe :

- consacrer du temps aux membres de l'équipe pour les aider à résoudre des problèmes,
- faire connaître à l'équipe les succès de ses différents membres ;

S'impliquer dans le développement commercial (pour une équipe d'ingénieurs informaticiens) :

- consacrer du temps aux commerciaux pour la rédaction de leurs propositions,
- mettre en rapport la direction commerciale avec des contacts personnels ;

Favoriser la mobilité à l'intérieur du groupe :

- faire connaître aux services correspondants des autres filiales européennes les postes qui se libèrent.

Plus la description sera détaillée, plus l'incitation à contribuer sera forte. Ce qui ne doit pas empêcher les collaborateurs de faire valider par le management d'autres formes de contribution.

Évaluer la contribution et solder la créance régulièrement

La créance qui s'accroît, c'est la bulle émotionnelle qui enfle

La question de Marianne

Marianne dirige le service des abonnements d'un magazine. Elle se confie :

« Tu sais, j'ai souvent l'impression d'en faire beaucoup pour le magazine sans en voir le retour. Je consacre un temps important en réunions avec mon collègue en charge de la vente du numéro qui vient d'arriver dans l'entreprise, je mets de l'énergie à monter des opérations spéciales conjointes avec lui et ses équipes, je fais circuler de l'information à l'ensemble des services de diffusion du magazine et des autres titres du groupe. Parallèlement, j'ai les abonnements à gérer, il ne faut pas l'oublier. Depuis le temps que je suis dans la boutique, je n'ai jamais refusé de donner un coup de main quand je le pouvais. Ça me fait plaisir à la base et le travail que je fais m'apporte de nombreuses satisfactions, mais là, ça fait beaucoup. Je ne dis pas que je n'ai plus les moyens de le faire mais, tu comprends, je ne suis jamais évaluée que sur le volume des abonnés et sur le fonctionnement de mon service. Pour le reste, pas la

moindre reconnaissance concrète. Mes deux premiers directeurs d'édition ont laissé entendre qu'ils appréciaient mon implication dans la marche du magazine et du groupe, mais ça n'a jamais dépassé le stade de l'estime verbale ; ils n'ont pas eu le temps d'aller plus loin : l'un a été viré, l'autre promu. Avec celui que j'ai en ce moment, je crois entendre la même rengaine. Il me dit qu'il ne faut pas raisonner à court terme, que mes efforts seront récompensés à long terme. Je ne vois jamais un début de récompense. Enfin, ça me gêne de parler de récompense parce qu'on ne devrait pas chercher systématiquement le gain pour tout ce qu'on fait. Je ne me sens pas à l'aise pour mettre en avant mes coups de main. Mais enfin, qu'est-ce que je gagne à me dépenser ainsi ? »

La question de Marianne est légitime, même si certaines de ses représentations s'opposent au principe de rétribuer la contribution. Mais la frustration est telle que la question finit par sortir. En effet, qu'est-ce qu'on « gagne » à contribuer, à œuvrer au-delà de sa mission première pour le développement de l'entreprise ? À quoi cela sert-il si on n'est pas certain d'en recueillir personnellement les fruits, d'une manière ou d'une autre ?

La question ne se posait pas avec autant d'acuité à l'époque où les structures d'entreprise étaient stables. Généralement, l'apport contributif d'un salarié finissait par s'imposer à la hiérarchie après des années de collaboration, ce qui aboutissait à une rétribution financière ou une promotion, ou alors le manager était encore en place pour s'entendre rappeler sa « dette contributive » par le collaborateur. Le manager, quant à lui, rétribuait le plus souvent par la stabilité de l'emploi. On considérait que c'était déjà une récompense importante. Dans cette logique, le modèle paternaliste reposait sur une reconnaissance implicite de la contribution ; le patron appréciait la contribution de ses collaborateurs et la rétribuait selon ce qu'il pensait être bon pour chacun d'entre eux. C'était en général de la protection, la sienne propre, qu'il donnait à ceux qu'il jugeait contributifs. La référence était alors un modèle familial dans lequel chacun devait contribuer à son bon fonctionnement et en tirait des avantages supposés.

Aujourd'hui, la fréquence des changements intervenant dans les organisations d'entreprise et dans les hiérarchies est importante. Pour un collaborateur, il devient hasardeux de laisser se développer au-delà d'un certain terme la « créance contributive » qu'il pense avoir accumulée vis-à-vis de l'entreprise. En effet, quelle est la durée de vie d'une structure d'entreprise ? Quelle est la longévité potentielle d'un manager ? Le pronostic est difficile, tant les choses bougent. Pourtant, **être contributif implique de faire un pari sur le retour que l'on peut en attendre. Or, plus les structures changent, plus le pari est risqué.** Et tous les financiers le diront, quand un pari est risqué, soit l'espérance de gain doit augmenter pour équilibrer, soit le joueur renonce à miser.

L'entreprise étant ce qu'elle est aujourd'hui, la tentation est grande, pour les collaborateurs, de renoncer à miser. En effet, l'attente d'un retour sur contribution se fait le plus souvent sur une échelle de plusieurs années et, sur cette échelle de temps, l'entreprise peut être rachetée ou fusionner, les structures et les équipes complètement chamboulées. Dans ce contexte, le renoncement à un comportement contributif a toutes les chances de devenir la norme au fur et à mesure que les salariés réaliseront que la parole donnée pour un retour sur investissement pluriannuel ne pèse pas plus lourd qu'un kopeck, quelle que soit la bonne volonté du manager et de la hiérarchie.

Parmi ceux qui ne l'auront pas encore réalisé, on en trouvera qui oseront le pari contributif avec un retour à plusieurs années. Et là, la désillusion risque d'être à la mesure des attentes. Que vaut la mise en avant de comportements contributifs passés dans une structure d'entreprise transformée et face à une nouvelle hiérarchie ? En l'absence de perspectives de rétribution, la déception sera grande et fera parfois place à une aigreur confinant à l'hostilité.

La colère de Paul

Paul, directeur administratif et financier de la filiale française d'un groupe anglais, ne décolère pas :

« J'aurais dû écouter ceux qui me disaient qu'ils ne faut pas avoir confiance dans les entreprises. J'ai travaillé comme un chien dans cette boîte des années durant. En plus d'instaurer une comptabilité analytique et un contrôle de gestion digne de ce nom, j'ai passé des soirées et des week-ends — et ce n'était pas mon job — à repenser le système d'information et à revoir le reporting commercial, sans compter la formation de trois managers que mon ancien patron n'avait pas le temps de prendre en charge. Tout ça pour apprendre que nous sommes rachetés, que tout tombe à l'eau, en particulier le poste à Londres auquel on pensait pour moi depuis trois ans. Que voulez-vous que je raconte à la nouvelle direction ? Elle a beau jeu de me dire qu'elle n'a pas à porter l'héritage du management sortant. Je me suis vraiment fait avoir ; vous voyez, c'est mon côté angélique, très judéo-chrétien. Mais il ne vont pas s'en tirer comme ça : je les assigne aux prud'hommes pour non-respect de la législation sur le temps de travail. Ce sera d'autant plus facile que je n'ai jamais été déclaré cadre dirigeant et que je ne suis même pas sous convention de forfait. J'ai un paquet d'heures supplémentaires à faire valoir. »

Nous apprenons par la suite que Paul, tout en ayant donné sa démission, a obtenu en indemnité transactionnelle l'équivalent d'un an de salaire, pour solde des heures supplémentaires effectuées.

Typiquement, Paul s'est placé dans une perspective de retour sur contribution à un terme pluriannuel, la chose étant scellée par un engagement verbal de son ancienne hiérarchie. On peut dire que sa colère est proportionnelle à la « créance contributive » qu'il a développée.

Le tableau paraît sombre. Marianne comme Paul sont deux personnes que l'on peut considérer comme spontanément contributives. Et pourtant, ils s'estiment tous deux victimes d'un événement devenu fréquent dans la vie de l'entreprise, à savoir le changement d'organisation et de management. La première finit découragée, le second furieux et redoutable adversaire de son ancienne entreprise. **Va-t-on vers un monde économique peuplé d'un côté, par des mercenaires, sans frontières et sans attaches, de l'autre, par des contributifs déçus et aigris ?** Non, mais on peut d'ores et déjà identifier comme un obstacle important aux comportements contributifs l'espérance de retour à long terme, sur plusieurs années.

Il devient de la responsabilité du manager de ne pas laisser la créance contributive des collaborateurs s'accroître de manière excessive. A cette fin, nous préconisons :

- d'expliciter régulièrement l'état des apports entre l'entreprise et le collaborateur ;
- de prévoir, lorsque c'est possible, une évaluation et une rétribution de la contribution à court terme, c'est-à-dire chaque année ;
- de contractualiser les retours sur contribution à long terme.

Expliciter régulièrement l'état des apports entre l'entreprise et le collaborateur

Au quotidien, le comportement contributif du collaborateur se nourrit de sa représentation de ce que lui apporte

l'entreprise dans ce même quotidien. C'est l'étincelle qui met en route le moteur. Cette représentation peut être elle-même alimentée par des éléments tels que :

- la confiance et le plaisir relationnel ;
- la satisfaction de participer à des projets importants ou de se voir confier des responsabilités ;
- la contribution à l'estime de soi que procurent le poste, la rémunération ou les avantages ;
- l'élargissement des compétences ;
- l'équilibre entre ses pôles de vie (professionnel, privé et relationnel).

En somme, c'est l'idée que « l'entreprise m'apporte des choses », en plus de la rémunération. **Elle accroît la part de « dette contributive » du collaborateur à l'endroit de l'entreprise et réduit d'autant la créance.** Elle est un pilier de l'équilibre des rapports et des besoins que nous avons évoqué.

Plus elle sera explicitée, plus le collaborateur sera incité à aller au-delà de sa mission première. L'exercice peut prendre la forme d'un entretien où il sera invité à dire ce qu'à ses yeux l'entreprise lui apporte, ce qu'il pense apporter à l'entreprise et comment il pondère les différents éléments de cette appréciation.

Il importe que le manager donne au collaborateur sa vision des choses. Ainsi, tous deux explicitent et consolident la convergence des intérêts, qui est un pilier de la confiance.

Il existe des salariés pour lesquels la dette contributive équilibrera longtemps la créance générée par leur contribution. La tentation est de se reposer sur cette seule dette, ce qu'ont fait nombre de managers, parfois adeptes de la récompense par des médailles en chocolat ou par la sécurité de l'emploi. À ceux-là, nous recommandons la lecture urgente des lignes qui suivent, car la créance contributive finit par prendre le dessus.

Le cimetière des illusions salariales est peuplé de créances contributives sinistrées.

Évaluer et rétribuer la contribution tous les ans. La contribution est un pari qui comporte un risque pour tout collaborateur. Nul n'est certain d'en obtenir un retour ; le cimetière des illusions salariales est peuplé de créances contributives sinistrées. Dans les six mois, un patron peut décider de vendre son entreprise ou la hiérarchie changer. Or, **prévoir la rétribution annuelle de la contribution est un moyen de limiter le risque pour le collaborateur et sa créance.** Le risque ne disparaît pas : simplement, il devient émotionnellement gérable car il se limite à la contribution sur un an.

Ainsi, **on pourra coupler l'entretien annuel d'évaluation de la performance avec une évaluation de la contribution.** Pour l'entreprise, le fait de l'officialiser réduit encore plus le risque, donc la charge émotionnelle du collaborateur, et permet de lancer un signal fort :

> Le management indique clairement qu'il souhaite de la contribution, qu'il n'est pas honteux d'en espérer une rétribution et qu'il ne s'agit pas d'un sacrifice demandé, ce qui peut encourager les comportements attendus chez les collaborateurs non spontanément contributifs. Représentation anti-contributive désamorcée : « Si j'évoque la possibilité d'avoir un retour, on va croire que je ne pense qu'à l'argent. »
>
> Si l'entretien d'évaluation de la contribution est inscrit dans les procédures, le collaborateur aura moins à crain-

dre d'un changement de structure et de hiérarchie. Représentation anti-contributive désamorcée : « Si je contribue, c'est en pure perte. »

Le plus souvent, la rétribution annuelle soldera comptablement et émotionnellement les choses, ou, du moins, la créance sera ramenée à un niveau émotionnellement gérable pour le collaborateur.

Est-il judicieux d'évaluer plus souvent la contribution ? Pourquoi pas, mais, indépendamment de la difficulté matérielle, il faut alors se méfier, d'une part, de la subjectivité dans la perception de la contribution et, d'autre part, des comptes d'apothicaire.

Une différence d'appréciation

François travaille depuis un an dans un cabinet d'outplacement. Très consciencieux, il prend à cœur de mener à bien ses missions. De fait, tout le monde autour de lui reconnaît son professionnalisme et sa conscience professionnelle. Très jaloux de son indépendance et donnant la priorité à sa vie personnelle, il a toujours dit vouloir s'en tenir strictement à ses missions et participe modérément à la vie du cabinet. Il travaille quatre jours par semaine pour se ménager des week-ends prolongés. Comme il mène la plupart du temps ses missions à l'extérieur, il est peu présent et n'est pas au courant d'un certain nombre de difficultés que vivent ses collègues et ses managers au quotidien. Un jour où le plan de charge du cabinet est particulièrement lourd, on lui demande de déplacer son jour de repos pour intervenir le vendredi sur un contrat important. Il le fait en expliquant combien cela lui coûte. Quelques jours plus tard, il croise Amélie sa boss directe :

— Alors, qu'est-ce que ça a donné notre dernière mission ?

— Le client était content, on va continuer à travailler avec lui.

— *Je suis heureux de l'apprendre, mais j'aurais aimé que tu me félicites spontanément et en tirer un peu de reconnaissance. Mais comme elle n'est pas au rendez-vous, peux-tu me dire quel bénéfice je vais en tirer ?*

— *Que veux-tu dire par là ?*

— *Je parle du bénéfice en monnaie sonnante et trébuchante que je peux tirer de mon intervention.*

— *Je suis assez surprise de ta demande, c'est vrai que tu as participé comme toute l'équipe qui était sur ce dossier à la fidélisation de ce client, mais, pour moi, cela entre dans ton job. Le fait que tu changes une fois ton jour de repos ne justifie pas qu'on te distribue une récompense immédiate.*

— *Je ne vois pas pourquoi, j'ai fait un effort particulier qui m'a coûté en déplaçant mes journées et je pense qu'il doit être rétribué.*

— *Je ne pense pas que ce soit gérable de rétribuer chaque effort. En revanche, faire une évaluation globale, d'accord. Mais, justement, sur ce point, autant je pense que tu es très performant dans ce que tu fais, autant je pense que tu contribues peu au cabinet.*

Que penser de la réaction d'Amélie ? Même s'il est très modeste à ses yeux, l'effort de François est un authentique acte de contribution, qu'elle omet de saluer. À l'instar de nombreux managers, elle voit la contribution non seulement comme allant de soi mais également comme un élément de la mission de base du collaborateur, qui « entre dans le job », donc comme une démarche obligatoire ; de ce fait, elle n'estime pas nécessaire de faire du renforcement positif en indiquant que le comportement visé va dans le bon sens, même s'il n'appelle pas une récompense immédiate. Le risque est de renforcer les collaborateurs non spontanément contributifs dans leur conviction.

Que penser de la réaction de François ? Elle illustre l'un des pièges de la contribution, qui consiste à ne pas évaluer de façon globale mais de manière ponctuelle, à chaque effort de contribution. Par définition, la contribution s'étale dans le temps et va nourrir un style relationnel entre le collaborateur et son entreprise. Entrer dans les comptes d'apothicaire en trahirait non seulement l'esprit mais en dévoilerait également la pratique. Doit-on dire pour autant que la contribution, c'est un état d'esprit ? C'est fort tentant. Mais le risque est alors de raisonner en tout ou rien. On ne dit jamais de quelqu'un qu'il a un « peu », « moyennement » ou « beaucoup » de bon état d'esprit ; on dit qu'il a un bon état d'esprit ou qu'il n'en a pas. Or, un peu de comportements contributifs, c'est mieux que pas de contribution du tout. Là encore, il faut éviter de décourager les collaborateurs non spontanément contributifs (ils seront souvent les plus nombreux) en leur demandant de « changer d'état d'esprit », ce qui signifie « être complètement contributifs » et requerra un changement trop brutal. Il conviendra de s'en tenir aux comportements et à l'évaluation annuelle de ces derniers.

La question de l'évaluation ponctuelle se pose avec une acuité particulière vis-à-vis de ces fameux collaborateurs non spontanément contributifs. Lorsqu'ils font un effort, il s'agit d'un effort important pour eux et ils auront tendance à penser qu'il s'agit par là même d'une contribution importante. Il s'ensuit des malentendus, souvent très chargés affectivement, mais il s'agit alors d'un problème propre à l'exercice d'évaluation où ce qui compte n'est pas tant la perception de l'intéressé que celle de son entourage.

Cela étant clarifié, on peut dire que le rythme annuel paraît raisonnable pour évaluer la contribution. Le faire de façon plus fréquente nécessite de se préserver de la démarche « comptable » (j'ai fait ceci, donc je mérite cela).

Il restera donc toujours un risque – limité sur l'année – pour le collaborateur qui investit dans une relation contributive avec l'entreprise, compte tenu du rythme d'évolution de l'environnement. C'est vrai, mais existe-t-il des relations sans risque ?

Contractualiser les retours sur contribution à long terme.
À l'échelle d'une vie d'entreprise, la terra incognita qui constitue le long terme, c'est ce qui dépasse l'année. Passé cette limite, il est risqué de ne pas solder, ne serait-ce que partiellement, la créance, car la garantie n'existe pas. Or, plus la créance s'accroît, plus les attentes et l'émotion grandissent.

Aujourd'hui, les instruments de rétribution à long terme (participation, intéressement, stock options) sont légalement ou contractuellement encadrés. Cet encadrement est de bon sens, étant donné que la jouissance de la rétribution intervient en général plusieurs années après.

Il nous semble qu'il doit en aller de même, lorsque le retour sur contribution ne peut intervenir dans l'année, c'est-à-dire lorsque la créance du collaborateur ne peut pas être soldée ou réduite à un niveau émotionnellement gérable. Ce sont des choses qui surviennent dans la vie d'une entreprise, pour des raisons diverses tenant souvent à la situation économique ou financière à un moment donné. Et la parole d'un manager est peu fiable au-delà du terme annuel.

Nous recommandons ainsi de poser par écrit le retour sur contribution, de manière à offrir une garantie face aux aléas de la vie de l'entreprise. Encore une fois, il ne s'agit pas de se protéger contre l'incertitude à tou niveau, mais de ramener le pari contributif dans des proportions émotionnellement gérables.

Pour réduire la « créance/dette contributive »

1. Expliciter régulièrement les apports réciproques.

2. Organiser un retour sur contribution rapide, c'est-à-dire une évaluation et une rétribution annuelles.

3. À long terme, contractualiser le retour sur contribution.

Définir ce que l'on gagne à contribuer

Nous y voilà. Que gagne-t-on à contribuer ? Il n'est pas dans notre intention de rédiger un traité sur les techniques de rémunération. Ce que nous pouvons dire, c'est que **rétribuer la contribution d'un collaborateur est l'occasion de faire preuve d'imagination.** Rien ne vaut l'exploration des aspirations profondes de l'intéressé pour s'apercevoir qu'il y a mille manières de répondre à ses souhaits. Par exemple, sous formes de :

- primes,
- attribution de parts du capital,
- financement d'une formation librement choisie (indépendamment du plan de formation prévu par l'entreprise),
- jours de congés payés supplémentaires,
- avantages en nature (voiture de fonction, téléphone mobile, ordinateur portable, etc.),
- priorités sur des missions, des déplacements, des voyages,
- souplesse des horaires,
- congés sabbatiques dans les délais souhaités par le collaborateur, etc.

Il est évident que tout cela se fait déjà dans certaines entreprises, sauf que, la plupart du temps, les choses ne sont pas explicites et la créativité dans la rétribution se heurte à deux craintes des managers.

La première, c'est le principe d'égalité qui consiste à appliquer à toute une population ce qu'on a accordé à l'un de ses membres. Si j'accorde une voiture de fonction à un technicien, tous les techniciens vont m'en demander une. **Il convient d'être particulièrement explicite sur le fait que la rétribution est la récompense de la contribution d'un collaborateur donné et qu'elle s'attache à la personne.** Il est vrai que le droit social corse le problème en favorisant le traitement égalitaire des salariés, notamment dans les grandes entreprises. Mais cela n'empêche pas d'explorer les marges de manœuvre dans le champ de contraintes propre à chaque entreprise.

L'autre préoccupation des managers consiste à ne pas faire de la rétribution de la contribution un avantage acquis, ce qui reviendrait à l'intégrer à la rémunération globale ou au contrat de travail. Si je donne son mercredi à ma secrétaire, elle risque de ne plus accepter de revenir sur cette facilité les années suivantes, même si j'en ai besoin. **Il s'agit alors de préserver le caractère de « récompense » variable et pouvant être remis en cause.**

Prime ou avantage acquis ?

Michel dirige une équipe de six personnes. Il a tenu à mettre en place une prime variable, équivalant à un mois de salaire, puisque c'est dans l'air du temps. Les critères d'obtention sont vagues et tournent autour de « la satisfaction procurée par le travail du collaborateur et l'implication dans la bonne marche de l'entreprise ». Le problème, c'est qu'il se sent très mal à l'aise lorsqu'il s'agit de mener les entretiens annuels d'évaluation et éprouve les pires difficultés à formuler une critique. À ses yeux, ne pas accorder une partie de sa prime à un collaborateur, c'est le désavouer. Après la première année de mise en place de cette rémunération supposée variable, les six membres de l'équipe obtiennent 100 % de la prime. Et ainsi de suite pendant trois autres années. Michel engage alors un adjoint qui lui suggère de variabiliser véritablement la prime en l'asseyant sur des critères précis et objectifs. « Très bien, mais mon équipe s'est habituée à toucher la totalité de la prime. Et, au plan légal, je crois que c'est désormais considéré comme un treizième mois. » Pour solde de tout compte du passé, la prime a été définitivement intégrée à la rémunération de base et une nouvelle prime, vraiment variable cette fois, a été créée.

Ce grand classique de la vie des entreprises (mal managées) arrive, fort heureusement, de moins en moins souvent. Il met en évidence ce qu'il faut faire si l'on veut créer un avantage acquis à partir d'une prime :

- établir des critères d'obtention flous ;
- accorder régulièrement la totalité de la prime, ce qui revient à ne pas évaluer.

L'origine du problème est clairement managériale, c'est-à-dire comportementale, et on pourrait suggérer d'urgence à Michel une formation aux techniques d'assertivité[1] et à l'entretien d'évaluation. De surcroît, le droit vient sanctionner la pratique managériale. **Si, au contraire, le caractère variable de la « récompense » est explicite** (remise en cause d'une année sur l'autre), **s'il est sanctionné par une véritable évaluation et se traduit dans les faits, elle sera perçue comme telle par les collaborateurs... et par les juges du travail.**

Nous conclurons en ajoutant que les gains procurés par la contribution ne limitent pas aux seuls éléments évoqués. Souvent, le collaborateur y gagnera l'estime de sa hiérarchie et de son entourage professionnel, l'entretien de l'équilibre des apports entre lui et l'entreprise, la pérennisation de son emploi, voire l'apparition ou la multiplication des comportements contributifs en faveur de sa propre performance individuelle, sans oublier l'avancement ou la promotion, autant de choses difficiles à coucher par écrit.

---

1. L'assertivité est la compétence relationnelle qui permet d'exprimer ce que l'on pense ou ressent sans agresser l'autre.

Mettre en place l'évaluation

L'évaluation de la contribution doit intervenir en plus de celle de la performance individuelle, ce qui aboutira à une évaluation globale.

Performance + Contribution = Apport global

Le manager ne peut évaluer directement la contribution. Les procédures d'évaluation ont eu, par le passé, du mal à se mettre en place mais elles sont maintenant à peu près rodées dans toutes les entreprises. Au cours d'un entretien annuel avec le collaborateur, qui selon les endroits s'appelle de « progrès », de « performance » ou simplement « d'évaluation », le manager évalue l'atteinte des objectifs fixés et, ainsi, le niveau de performance du collaborateur. Procéder de même avec la contribution, cela reviendrait à la considérer comme la performance, dont le niveau est arbitré par le $n + 1$ qui compare ce que font les uns et les autres. C'est impossible et inopportun, pour les raisons suivantes :

> *Il y aurait « conflit d'intérêts ».* Le manager est surtout intéressé par la performance individuelle du collaborateur, qui rejaillira sur la propre performance individuelle du manager. Inévitablement, son attention va se focaliser sur ce qui va dans ce sens. Cela ne signifie pas que son avis en matière de contribution est inintéressant, mais son champ de vision est incomplet et fortement marqué par la performance.

> C'est surtout matériellement impossible, car il faudrait que chaque action de chaque collaborateur soit comptabilisée. Les managers ne feraient plus que cela. On peut parier que les collaborateurs ne toléreraient pas un contrôle aussi étroit de leur activité ; quand bien même il serait accepté, il pousserait le collaborateur à attendre

une contrepartie de chacun de ses gestes contributifs alors qu'on attend de lui un ensemble de comportements. Cela serait en contradiction avec l'esprit de la contribution puisqu'il faudrait que chacun aille faire noter le moindre service rendu à son voisin, la médiation organisée au cours d'un déjeuner entre deux collègues, etc.

Ajoutons qu'en matière de contribution, il serait très difficile et vain d'attribuer à chacun des intervenants la part relative d'un succès. Le premier a donné le numéro de téléphone du futur client, le second est entré en contact avec lui, le troisième a trouvé l'idée qui a permis au contrat d'aboutir, le quatrième a entretenu la relation avec lui, etc. L'exercice est non seulement complexe mais son intérêt n'est pas évident.

De plus, il arrive assez fréquemment que des collaborateurs puissent être contributifs dans certains domaines et pas dans d'autres. Par exemple, ils partagent volontiers l'information sur leurs clients mais n'apportent aucune contribution à la prospection de nouveaux contrats. Le manager seul ne peut faire la synthèse de tout ce qui se passe en permanence dans son équipe. Lorsque nous animons des séminaires de cohésion d'équipe, nous interrogeons individuellement chacun des membres sur les autres. Nous sommes toujours frappés des décalages de représentations qui existent sur certains membres vus par leurs différents collègues ou par le manager.

Enfin, l'évaluation par le manager favorise un style relationnel qui consiste à plaire à son manager. Heureusement, il y a de moins de moins de patrons de « droit divin » qui s'autorisent tout et qui suscitent autour d'eux un phénomène de cour. Reste qu'être présent là où se trouve le président, le rencontrer le plus souvent possible et le flatter demeurent des pratiques très répandues. En fait, et c'est là le plus important, en donnant au seul manager le pouvoir de l'évaluation, on construit un système qui est tourné vers le haut. L'enjeu n'est plus de contribuer mais de montrer à son patron direct que l'on contribue. Ce qui est foncièrement différent. De façon consciente ou non, chaque collaborateur va tenter d'influencer son manager pour qu'il pense du bien de lui. Nous employons le terme influencer, mais, bien souvent, il serait plus pertinent d'employer celui de manipuler. Le manager est l'objet de manipulations de la part de ses collaborateurs, ce qui est bien normal puisque leur sort dépend de lui.

Pour autant, il est évident que le manager est en position d'observation privilégiée de la mentalité, des comportements et donc de la contribution de ses collaborateurs : il est au cœur de la matrice. Son avis doit avoir un poids relatif important. Et puis, l'exclure de l'évaluation de la dimension transversale reviendrait à opposer contribution et performance, ce qui n'est pas l'objectif recherché. Ne serait-ce que pour notifier au collaborateur les résultats de l'évaluation contributive et en discuter pour explorer les pistes d'amélioration, il est important que le manager « se mouille », se positionne et se sente concerné.

Évaluer l'équipe plutôt que l'individu : une fausse piste.
« C'est simple, nous dit un manager, au lieu de n'évaluer que la performance individuelle, on la module par la performance de l'équipe ; d'ailleurs, c'est ce qu'on a fait chez nous. » Autre solution fréquemment proposée : cesser d'évaluer la performance individuelle.

Ces solutions paraissent simples et de bon sens. Elles présentent un inconvénient majeur : ne pas différencier ceux qui contribuent beaucoup de ceux qui contribuent peu. Or, c'est une nécessité pour l'entreprise. À la fois pour valoriser les meilleurs contributeurs mais aussi pour les faire évoluer. **Toute l'identification des hauts potentiels et le système d'incitation reposent sur la différenciation, l'entreprise ne peut pas s'en passer.**

Alors, comment faire ? Lorsque nous en parlons à des managers, ils ne trouvent pas de solution à ce problème. En fait, pour la trouver, il faut changer de cadre de réflexion. Celui dans lequel ils s'enferment malgré eux postule que l'évaluation d'un collaborateur doit se faire par son manager. C'est même l'un des piliers de la relation managériale traditionnelle. En proposant un système d'évaluation qui ne repose plus sur le manager, nous sommes conscients de modifier en profondeur la relation managériale. C'est même à cela que nous souhaitons arriver pour que les organisations matricielles puissent se mettre harmonieusement en place.

L'évaluation de la contribution d'un collaborateur est collective. C'est donc à l'ensemble de l'entourage professionnel d'évaluer la contribution d'un collaborateur, c'est-à-dire toute personne avec laquelle il est amené à travailler.

On pense ainsi aux collaborateurs, aux collègues et à la hiérarchie, qu'ils appartiennent à l'équipe ou à d'autres entités travaillant avec l'équipe ou le collaborateur. En disant cela, nous sommes conscients de la charge émotionnelle, des inconvénients et des questions que peut susciter ce type de proposition. Explorons-les.

Qui va coordonner l'évaluation ?

Nous préconisons de mettre en place, au sein de chaque entité et autour du manager, **une sorte de « comité d'évaluation »** qui organise, coordonne et synthétise les évaluations, fournit un retour à chaque intéressé et fixe les termes ou le montant de la rétribution.

Comment sélectionne-t-on les évaluateurs ? Qui est bien placé pour évaluer ?

Une solution consiste à sélectionner a priori ceux que l'on juge bien placés pour évaluer les critères de contribution prédéfinis. Elle a le mérite de la clarté mais elle nécessite de faire le tri parmi les évaluateurs potentiels en fonction des objectifs de transversalité. Elle peut conduire à écarter un certain nombre de personnes appartenant à l'entourage professionnel du collaborateur, dans la mesure où on les jugerait mal placées pour évaluer les critères définis.

La solution alternative consiste à associer tout l'entourage professionnel. Mais tous ces acteurs ne sont pas nécessairement bien placés pour évaluer la contribution. On évalue mieux la contribution commerciale quand on est dans une direction des ventes que lorsqu'on relève du service après-vente ou d'un service technique. Être un n - 2 ou n + 2 peut également limiter la capacité d'appréciation. Pour remédier à ce problème, **chaque évaluateur pourra indiquer s'il se sent bien placé pour apprécier tel ou tel critère de contribution, auquel cas il évaluera.**

Et si une personne non sollicitée s'auto-saisit de l'évaluation ?

Il est tentant d'accorder cette faculté, mais **elle présente le risque du marchandage**, peut dévoyer le système et fausser le style relationnel. Si je veux mettre la pression sur untel, je m'auto-saisis de son évaluation. Si je veux renforcer positivement mes évaluations, je vais solliciter ceux dont je sais qu'ils m'apprécient. En outre, communiquer sur cette possibilité n'est pas chose aisée.

Et si ceux qui ne m'aiment pas m'évaluent... ?

Il est toujours possible que des considérations purement personnelles interviennent dans l'évaluation. Il
est certain que les inimitiés auront un impact non
négligeable (de même que les liens d'amitié au demeurant). Une solution peut consister à éliminer la pire
comme la meilleure des évaluations, mais elle ne règle
pas le problème au fond. En fait, le risque est toujours
présent mais il fait partie des aléas de la relation. Pour
l'atténuer, **il est important de construire une culture
de l'évaluation, assise sur une maturité relationnelle, managériale et organisationnelle.**

Quelles que soient les modalités retenues, la méthode ne sera
jamais parfaite, mais en existe-t-il en matière d'évaluation ? En
tout état de cause, elle aura le mérite d'exister.

Différence de traitement entre la performance et la contribution

Performance
- Évaluation par le manager.
- Synthèse et fixation de la rémunération variable par le manager.

Contribution
- Évaluation par l'entourage professionnel.
- Synthèse et fixation de la rétribution par le comité d'évaluation de la
contribution ou par le manager.

Organiser et valoriser la contribution

1. **Préciser les différences entre contribution et performance, entre
obéissance, résistance et désobéissance :**
- Obéir = exécuter sans questionner.

.../...

_.../..._

• Résister = questionner les instructions et pousser la hiérarchie dans ses retranchements, tout en exécutant in fine.

• Désobéir = refuser d'exécuter les instructions.

2. Dire qui peut contribuer et comment :

• Mettre en avant le fait que tout le monde peut contribuer au sein de l'entreprise, quelle que soit sa qualité.

• Les critères peuvent être définis à plusieurs niveaux : équipe, service, établissement, département, division, entreprise, groupe.

• Ils doivent être déclinés en comportements.

3. Évaluer la contribution et solder la créance régulièrement :

• Expliciter régulièrement l'état des apports entre l'entreprise et le collaborateur.

• Évaluer et rétribuer la contribution tous les ans (le faire plus souvent porte le risque de tomber dans une approche « comptable »).

• Contractualiser les retours sur contribution à long terme.

4. Définir ce que l'on gagne à contribuer :

• Explorer les souhaits du collaborateur.

• Expliciter le caractère variable, personnel et limité dans le temps de la récompense.

5. Mettre en place l'évaluation :

• Le manager ne peut évaluer seul la contribution.

• L'évaluation est collective.

Conclusion

Dérouler jusqu'au bout la pelote de la sollicitation induite par les technologies de l'information et de la communication amène ainsi à bien des surprises. La « société de l'information » ne prend tout son sens que dans une logique de réseau. Ce qui appelle un bouleversement de taille dans les comportements : cela commande de sortir du territoire, autrement dit de bannir la propriété exclusive ; de contribuer, autrement dit de sortir de sa mission de base ; de résister, autrement dit de sortir de l'obéissance. Rien de moins. Tout ceci requiert une très grande souplesse psychique, autrement dit une grande capacité d'adaptation et de changement. Mais surtout cela remet chaque collaborateur au centre du dispositif de l'entreprise.

Tout le monde parle de ce fameux changement comme si c'était une évidence, comme si c'était facile. Ce n'est simple pour personne. Les collaborateurs s'en méfient car ils y voient difficultés, risques, pertes potentielles et ont du mal à y trouver du sens. Quant aux dirigeants, ils préfèrent souvent raisonner stratégie globale et organisation plutôt que management du facteur humain : c'est plus valorisant, mais c'est surtout plus simple. Ils agissent comme si les choses devaient aller de soi à partir du moment où une nouvelle organisation est mise en place, et semblent attendre que chacun s'inscrive naturellement et spontanément dans ce que le nouveau système attend de lui, même s'ils se doutent bien que les choses ne sont pas aussi simples.

Plus que jamais, le rapport entre l'organisation et l'individu devient complexe. Le collaborateur de ce début de XXIe siècle est plus exigeant dans sa relation au travail que ne l'ont jamais été les générations précédentes. Il veut comprendre l'utilité, le sens de ce qu'il fait ; il demande à pouvoir s'épanouir personnellement et enrichir ses compétences, c'est-à-dire trouver de la variété dans le travail et se maintenir au meilleur niveau, notamment grâce à la formation. En cela, il montre qu'il prend conscience de son importance.

Face à ces exigences, l'entreprise est prise dans une concurrence qui s'intensifie chaque jour. La pression sur tous les fronts est telle qu'elle est parfois tentée, dans une espèce de soubresaut régressif, d'appliquer à nouveau quelques vieilles méthodes autoritaires qui ont fait leurs preuves et les beaux jours des gains de productivité : taisez-vous, travaillez, arrêtez de vous poser des questions et, surtout, ne réfléchissez pas trop. Bien souvent, elle sait pertinemment que ce mode de management n'est plus adapté et multiplie alors les injonctions contradictoires. Que pas une tête ne dépasse, mais prenez quand même des initiatives et faites preuve de créativité ! On fait évidemment fausse route, mais comment faire autrement ?

Le résultat que nous constatons, c'est une montée de la méfiance réciproque. Et, au vu de l'évolution économique, cette méfiance pourrait s'aggraver. Les changements se multiplient et donnent le tournis à tous. Les collaborateurs restent à distance et ne semblent plus vouloir lier leur avenir à celui de leur entreprise. Les entreprises se posent des questions sur ces collaborateurs qui peuvent, du jour au lendemain, aller se vendre ailleurs. Le cercle vicieux est installé, et certains pensent pouvoir en sortir par l'argent. Payons mieux les collaborateurs, donnons leur plus de stock options et le problème se réglera. Mais pour combien de temps ?

La plus grande richesse des entreprises, ce sont leurs hommes... à condition qu'ils soient dans une disposition d'esprit constructive et positive. Les hommes sont là, mais pas la disposition d'esprit. Comme toujours dans une relation, c'est aux deux parties d'avancer ensemble, d'accepter ensemble la remise en cause réciproque.

Pour l'entreprise, il s'agit tout d'abord de considérer chaque collaborateur comme un individu responsable, capable d'arbitrer lui-même la plupart des questions auxquelles il est confronté. Un individu qui réfléchit et qui produit de la richesse par sa réflexion et non un pion contrôlé par un manager qui est le seul en qui on peut avoir confiance. Autrement dit, elle doit lui faire confiance a priori. C'est ainsi que la relation hiérarchique change de nature. Il ne s'agit plus, à proprement parler, de hiérarchie mais de complémentarité des rôles, avec une répartition des tâches différente. Ensuite, il convient de mettre en place un système d'évaluation et de rétribution qui fasse une large place à la contribution, à côté de la performance individuelle. Les entreprises modifient trop souvent les organisations en faisant l'hypothèse que les comportements s'y adapteront. Elles devraient au préalable s'interroger sur les comportements pertinents et ensuite construire des organisations qui les favorisent. Une prééminence comportementale va s'imposer à la réflexion organisationnelle. Enfin, il serait nécessaire d'exprimer, de manière explicite, en quoi l'entreprise a besoin de chacun des collaborateurs afin de les aider à douter un peu moins d'eux-mêmes. Avoir un partenaire qui doute de lui-même, c'est avoir un partenaire qui doute de vous.

Pour le collaborateur, le changement majeur consiste à renoncer, progressivement, à se rassurer avec des territoires qui induisent l'immobilité pour comprendre que sa sécurité passe par le mouvement. Finie l'époque où sa survie passait par un bon camouflage et suffisamment d'agressivité vis-à-vis de ses congénères pour faire respecter son espace. L'avenir rime avec souplesse et adaptation rapide. Il lui faut prendre le risque de la relation. Ne pas demander en permanence à être rassuré. Ce qui n'empêche pas – cela suppose même – d'être toujours exigeant vis-à-vis de ses dirigeants pour comprendre le sens de ce qui est mis en place, de réclamer de la cohérence et de la réciprocité.

Et puisque l'on parle d'une évolution aussi marquée de la relation salariale, où la subordination permanente s'écartera de plus en plus du concept d'obéissance, pourquoi ne pas l'inscrire dans le droit social ? Pourquoi ne pas s'appuyer sur lui pour contribuer à expliciter les nouveaux rapports de force ? C'est un autre débat, dans lequel nous ne sommes pas des spécialistes, mais la question mérite d'être posée.

Nous assistons à une révolution dans les relations au travail. Alors que le pouvoir était tenu par quelques-uns, il est maintenant réparti dans chacune des mailles que constitue le filet du réseau. Cela va nous obliger à repenser le rôle de chacun et ouvrir le champs des possibles.

« Il faut que tout change pour que tout continue. »

Lorsque Burt Lancaster, jouant le vieil aristocrate sicilien
du *Guépard*, a cette merveilleuse formule, elle
semble presque choquante dans sa bouche.
Comment ce patriarche, gardien
des traditions, peut-il se faire
le chantre du changement ?
Par lucidité, tout
simplement.

Composé par Andassa
Achevé d'imprimer : Jouve, Paris

N° d'éditeur : 2377
N° d'imprimeur : 302467Y
Dépot légal : Décembre 2001
Imprimé en France